张伟 等 著

大格局

心怀国之大者

· 北京 ·

国家行政学院出版社
NATIONAL ACADEMY OF GOVERNANCE PRESS

图书在版编目（CIP）数据

大格局／张伟等著. —北京：国家行政学院出版社，2022.4

ISBN 978-7-5150-0699-4

Ⅰ.①大… Ⅱ.①张… Ⅲ.①中国共产党—干部教育—学习参考资料 Ⅳ.①D262.3

中国版本图书馆 CIP 数据核字（2022）第 207689 号

书　　名	大格局 DAGEJU
作　　者	张伟 等著
责任编辑	刘韫劼
出版发行	国家行政学院出版社 （北京市海淀区长春桥 6 号　100089）
综 合 办	（010）68928887
发 行 部	（010）68928866
经　　销	新华书店
印　　刷	北京盛通印刷股份有限公司
版　　次	2022 年 4 月北京第 1 版
印　　次	2022 年 4 月北京第 1 次印刷
开　　本	170 毫米×240 毫米　16 开
印　　张	11.5
字　　数	136 千字
定　　价	45.00 元

本书如有印装问题，可联系调换，联系电话：（010）68929022

前　　言

大时代需要大格局，大格局呼唤大胸怀。从2020年4月至今，短短2年时间，习近平同志在重要讲话中反复强调，领导干部要心怀"国之大者"。2021年11月，"国之大者"被写入《中共中央关于党的百年奋斗重大成就和历史经验的决议》。一时间，"国之大者"引发社会各界热议，成为被一再引用的既熟悉又陌生的高频词汇。为帮助广大党员干部理解和把握心怀国之大者的核心要义，提升自觉为大局担当的能力，本书尝试回答至少3个问题。

其一，国之大者是什么，也就是要理解国之大者的基本内涵。国之大者蕴含共产党人的初心使命，是关乎中华民族伟大复兴、党和国家前途命运、广大人民幸福关切，带有全局性、根本性、长远性特点，是在中国特色社会主义事业发展中居于核心位置、优先地位的重大原则立场、利益事业、战略部署。心怀国之大者，就是要对这些大是大非、大事要务、大政方针把得牢、守得住，做到心中有数，有方向、有定力。一言以蔽之，国之大者就是党和国家、人民的大局，心怀国之大者就是要有大格局。引用习近平同志的生动比喻，

国之大者就是大算盘、大账;心怀国之大者,就是打大算盘、算大账。

其二,国之大者有什么,也就是国之大者的基本内容。国之大者至少包含三本大账。其本质是讲政治,坚持党的领导为核心的"政治立场账"体现了最需要坚决维护的立场。其基本价值是为人民,"人民幸福关切大账"体现了党和国家、人民最重要的利益。其主要特征是做大事,"国家事业发展大账"体现了党中央关心、强调的方针部署。

其三,如何心怀国之大者,也就是心怀国之大者的基本要求。心怀国之大者至少要从3个方面着力。要提高政治能力:以政治判断力解决"看清楚"的问题,站稳政治立场,明辨政治是非,保障党的团结统一;以政治领悟力解决"想明白"的问题,深入学习中央精神并对标对表;以政治执行力解决"干到位"的问题,坚决落实中央方针部署,履职尽责。要有高站位,尤其要站在世界百年未有之大变局和中华民族伟大复兴的战略全局的高度上思考问题、作出判断、付诸行动,这是我们谋划工作的基本出发点。要具备辩证思维,统筹处理好抓大事与抓全面、国家大局与群众利益、整体利益与局部利益、眼前利益与长远利益、重点工作与非重点工作、政治账与非政治账、发展和安全等方面的辩证关系。

本书是集体合作成果,由中央党校(国家行政学院)相关专家创作完成。其中,张伟撰写了第一章、第二章、第五章，石伟撰写了第六章，苏敬装撰写了第三章，郑珊珊撰写了第四章，赖先进撰写了第七章。

限于研究水平，粗浅偏颇之处，恳请广大读者批评指正。

张 伟

2022 年 3 月于大有庄

CONTENTS 目 录

001　第一章

追本溯源国之大者，涵养大格局大胸怀

　一、为什么强调要学原文、悟原理 ····················· 001

　二、从总书记重要讲话和批示精神中读懂国之大者 ······ 002

　三、从重要会议和决议精神中领会国之大者 ··········· 032

036　第二章

准确把握国之大者，多打大算盘、算大账

　一、明确国之大者基本内涵 ························· 036

　二、把握国之大者基本内容 ························· 039

　三、心怀国之大者基本要求 ························· 055

067　第三章

心怀国之大者的历史内涵

　一、中华优秀传统文化是心怀国之大者的深厚积淀 ····· 067

　二、家国情怀是心怀国之大者的有力支撑 ············· 073

　三、民族复兴伟业是心怀国之大者的永恒命题 ········· 080

第四章

心怀国之大者的新时代意蕴

一、心怀国之大者是实现第二个百年奋斗目标的
必然要求 ·················· 089

二、心怀国之大者是中国特色社会主义新时代的
核心内涵 ·················· 098

三、心怀国之大者是贯彻落实总体国家安全观的
题中之义 ·················· 105

第五章

心怀国之大者要提高"政治三力"

一、以政治判断力解决"看清楚"的问题 ············ 113

二、以政治领悟力解决"想明白"的问题 ············ 118

三、以政治执行力解决"干到位"的问题 ············ 120

第六章

心怀国之大者要厚植为民情怀

一、人民至上是马克思主义唯物史观的本质体现 ····· 125

二、国之大者从人民根本利益中来 ··············· 131

三、国之大者依靠人民实现,由人民检验 ··········· 141

第七章
心怀国之大者要提高科学决策水平

一、推进国之大者相关政策的科学制定 ·············· 149
二、提高心怀国之大者的政策执行力 ·············· 156
三、加强国之大者相关政策评估 ·············· 164

第一章
追本溯源国之大者，涵养大格局大胸怀

自从 2020 年 4 月习近平同志在陕西考察时首次提出"国之大者"后，他在多次重要讲话中反复强调，领导干部要心怀"国之大者"，对"国之大者"要心中有数。要深入、准确、完整地理解国之大者的含义，我们需要读原文、悟原理，沉浸在具体场景之中，联系上下文，原原本本、原汁原味地领会相关讲话和中央精神。基于以上认识，我们梳理了相关公开资料。从 2020 年 4 月到 2022 年初，在短短不到 2 年的时间里，至少有 21 处关于"国之大者"的论述。其中，绝大部分出自习近平同志的重要讲话和批示，共有 18 次；1 次出自党的决议；2 次出自中央会议精神通报。本章将这些原文论述按照时间线索进行了整理，并结合具体情景进行分析。

一、为什么强调要学原文、悟原理

其一，国之大者是原创性论述，而不是简单用典。习近平同志善于"用典"，将典故引语恰如其分嵌入讲话之中，既准确又凝练地体现出讲话的丰富内涵，使讲话精神更加生动鲜活，大家更容易听得进、记得住、传得开、用得上。有些本来大家并不熟悉、甚至晦涩难懂的典故引语，也成了广为传颂的"金句"。因此，看到习近平同志强调"国之大者"，很容易简单认为他在用典。然而，"国之大者"虽然在古代可以找到类似的表述，但习近平同志对此赋予了鲜明的时代特征，是对特定对象和思想内容的高度概括。因此，只有原原本本学习讲话精神，我们才能准确把握、进而贯彻落实国之大者的核心要义。

其二，国之大者内涵丰富，不能断章取义。习近平同志首先是政治家，重要讲话的直接目的是指明方向、统一思想，进而推动工作、解决问题。他每次对国之大者的具体论述，都有特定的主题、场景、切入点，没有哪一句话就是国之大者的精确、完整的定义。由此，我们需要将他的历次讲话联系起来看，综合、整体地看，透过字面表述体会精神实质，而不能片面地理解。

其三，国之大者用意深远，需要发展地看。习近平新时代中国特色社会主义思想的任何内容都不是教条，而是行动指南，必须随着实践发展而发展，才能落地生根、深入人心。国之大者也是如此。短短2年时间，习近平同志已经多次对国之大者进行了论述，毋庸置疑，他将来还会根据具体情况，在讲话中继续强调、阐释国之大者。因此，国之大者的核心要义是开放的，随着相关实践和理论的发展而不断成熟、深化。我们要原原本本地梳理习近平同志对国之大者的论述，把握其核心要义，而不是教条式地加以界定。只有这样才能给予其足够的理论和实践空间，让国之大者展现出更强大、更有说服力的力量。

二、从总书记重要讲话和批示精神中读懂国之大者

习近平同志论及国之大者的重要讲话场景主要有三类：一类

是在中央会议上的讲话，如党的十九届六中全会第二次会议，中央政治局政策审议会、民主生活会和集体学习，党史学习教育动员大会，庆祝中国共产党成立100周年大会，中央政治局民主生活会，中央人才工作会议等；一类是在考察中的讲话，包括考察陕西、广西、青海、西藏、清华大学及两会下团组等；一类是在培训班上的讲话，如省部级主要领导干部专题研讨班、中央党校（国家行政学院）中青年干部培训班等。

2020年4月在陕西考察时的讲话①

2020年4月20日至23日，习近平赴陕西考察，了解秦岭生态环境保护情况，并听取陕西省吸取秦岭北麓违建别墅问题教训、抓好生态保护等工作汇报。习近平强调，要自觉讲政治，对国之大者要心中有数，关注党中央在关心什么、强调什么，深刻领会什么是党和国家最重要的利益、什么是最需要坚定维护的立场，切实把增强"四个意识"、坚定"四个自信"、做到"两个维护"落到行动上，不能只停留在口号上。

这是习近平同志首次提出"对国之大者要心中有数"的要求，也是对什么是国之大者论述非常生动、丰富的一次讲话。

生态环境保护是国之大者。生态文明建设是实现人与自然和谐发展的必然要求，是关系人民福祉、中华民族永续发展的根本大计，事关"两个一百年"奋斗目标和中华民族伟大复兴中国梦的实现。必须坚持绿水青山就是金山银山的理念，保护生态环境

---

① 参见《扎实做好"六稳"工作落实"六保"任务 奋力谱写陕西新时代追赶超越新篇章》，《人民日报》2020年4月24日。

就是保护生产力，改善生态环境就是发展生产力，决不以牺牲环境为代价换取一时的经济增长。党的十八大以来，以习近平同志为核心的党中央，更是把生态文明建设放在治国理政的重要战略位置，形成并积极推进"五位一体"总体布局，以前所未有的力度抓生态文明建设。

同时，生态文明建设仍然是一个明显短板，资源环境约束趋紧、生态系统退化等问题越来越突出，特别是各类环境污染、生态破坏呈高发态势，成为国土之伤、民生之痛。如果不抓紧扭转生态环境恶化趋势，必将付出极其沉重的代价。尤其秦岭山脉，和合南北、泽被天下，是人民群众的天然氧吧，是我国重要的生态安全屏障，是我国的中央水塔，是中华民族的祖脉和中华文化的重要象征。保护好秦岭生态环境，对确保中华民族长盛不衰、实现"两个一百年"奋斗目标、实现可持续发展具有十分重大而深远的意义。

政治规矩是国之大者。在秦岭别墅违建问题上，陕西省、西安市存在落实批示精神不力的深刻教训。党的十八大以来，习近平同志先后6次就查处秦岭北麓西安境内违建别墅问题、加强秦岭生态保护作出重要指示批示。2014年5月13日，他首次就秦岭北麓西安段圈地建别墅问题作出重要批示，要求陕西省委、省政府主要负责同志关注此事。但对中央的工作部署、对总书记的重要批示，陕西省和西安市搞上有政策下有对策，层层空转，为后来秦岭违建别墅整而未治、禁而不绝埋下了隐患。当年10月13日，习近平同志又作出重要批示，要求"务必高度重视，以坚决的态度予以整治，以实际行动遏止此类破坏生态文明的问题蔓延扩散"。但陕西省和西安市对秦岭违建别墅始终不查实情、不出实招、不办实事、不求实效，却热衷于造声势出风头。针对这样的问题，从 2015 年 2 月到 2018 年 4 月，习近平同志又作过 3 次重要批示指示。其中，2016 年 2 月，在对祁连山自然保护区和木里矿区生态环境综合整治作重要批示中，就专门提到秦岭北麓西安境内圈地建别墅问题，并且强调"对此类问题，就要扭住不放、一抓到底，不彻底解决、绝不放手"。但地方党委、政府仍然敷衍了事，形式主义走过场，官僚主义不作为。从 2015 年 2 月到 2018 年 7 月的近 3 年半时间里，陕西省委共召开 151 次常委会、50 次专题会，省政府共召开 73 次常务会，没有一次专门研究怎样做到"不彻底解决、绝不放手"。2018 年 7 月，习近平同志对秦岭违建别墅再次作出批示："首先从政治纪律查起，彻底查处整而未治、阳奉阴违、禁而不绝的问题。"这是总书记针对这个问题的第 6 次重要批示指示。为此，中央派出专项整治工作组，由中纪委副书记、国家监委副主任担任组长，开启了对秦岭违建别墅彻底整治。① 维护习近平总书记党中央的核心、全党的核心地位，维护党中央的权威和集中统一领导，牢固树立政治意识、大局意识、核心意识、看齐意识，这是党内的最高政治原则。对总书记的重要批示，主要领导应该亲力亲为，这是我们党内的一条最基本的政治规矩，是国之大者。必须与以习近平同志为核心的党中央保持高度一致，不是空喊口号，而是重在落实、令行禁止，在贯彻执行中央决策部署上不打折扣、不搞变通。但是事实上，陕西省委、省政府主要领导也好，西安市委、市政府主要领导也好，都没有按照这样的规矩和要求来贯彻执行。

因此，习近平同志强调，要自觉讲政治，对国之大者要心中

---

① 参见《秦岭违建别墅整治始末 一抓到底正风纪》，央视新闻网 2019 年 1 月 9 日，http://news.cctv.com/2019/01/09/ARTIl00SY58z4iOBNnOWJGHj190109.shtml。

有数,关注党中央在关心什么、强调什么,深刻领会什么是党和国家最重要的利益、什么是最需要坚定维护的立场,切实把增强"四个意识"、坚定"四个自信"、做到"两个维护"落到行动上,不能只停留在口号上。必须深刻吸取秦岭违建别墅问题的教训,痛定思痛,警钟长鸣,以对党、对历史、对人民高度负责的态度,把秦岭生态环境保护和修复工作摆上重要位置,履行好职责,当好秦岭生态卫士,决不能重蹈覆辙,决不能在历史上留下骂名。

2020年5月在两会"下团组"时的讲话[①]

2020年5月23日上午,习近平看望了参加全国政协十三届三次会议的经济界委员,并参加联组会,听取意见和建议。习近平强调,一分部署,九分落实。各地区各部门各方面对国之大者要心中有数,强化责任担当,不折不扣抓好中共中央决策部署和政策措施落实。要加强协同配合,增强政策举措的灵活性、协调性、配套性,努力取得最大政策效应。

中央决策部署和政策措施是国之大者。2020年是极不平凡的一年,两会罕见地推迟到5月份召开。国际形势、中美关系风云突变,叠加新冠肺炎疫情暴发,使我国内外形势都面临很大压力和挑战,经济形势尤其严峻。我国经济正处在转变发展方式、优化经济结构、转换增长动力的攻关期,经济发展前景向好,但也面临着结构性、体制性、周期性问题相互交织所带来的困难和挑战,加上新冠肺炎疫情冲击,我国经济运行面临较大压力。我国还要

[①] 参见《坚持用全面辩证长远眼光分析经济形势 努力在危机中育新机于变局中开新局》,《人民日报》2020年5月24日。

面对世界经济深度衰退、国际贸易和投资大幅萎缩、国际金融市场动荡、国际交往受限、经济全球化遭遇逆流、一些国家保护主义和单边主义盛行、地缘政治风险上升等不利局面,必须在一个更加不稳定、不确定的世界中谋求发展。同时,我国经济潜力足、韧性强、回旋空间大、政策工具多的基本特点没有变。要坚持用全面、辩证、长远的眼光分析当前经济形势,统筹疫情防控和经济社会发展,努力在危机中育新机、于变局中开新局。因此,直面压力和挑战,及时形成英明、果断的中央决策部署和政策措施并有效落实,是我国特有的制度优势,是国之大者。

有责任、能担当,不折不扣抓好落实,体现了对国之大者心中有数。相应地,要转变工作作风,坚持实事求是,尊重客观规律,把更多力量和资源向基层下沉,在务实功、求实效上下功夫,力戒形式主义、官僚主义。

2020年10月在中央党校(国家行政学院)中青年干部培训班开班式上的讲话①

2020年10月10日,习近平出席秋季学期中央党校(国家行政学院)中青年干部培训班开班式并发表重要讲话,强调领导干部想问题、作决策,一定要对国之大者心中有数,多打大算盘、算大账,少打小算盘、算小账,善于把地区和部门的工作融入党和国家事业大棋局,做到既为一域争光、更为全局添彩。

党和国家事业大局,是国之大者;以党和国家事业全局、长

---

① 参见《年轻干部要提高解决实际问题能力 想干事能干事干成事》,《人民日报》2020年10月11日。

远利益为重，要求领导干部对国之大者心中有数，具有相应的科学决策能力。习近平同志在这里强调的是面对整体和局部利益冲突时的科学决策问题。党的十八大以来，党和国家事业取得历史性成就、发生历史性变革，其中一条很重要的经验就是坚持问题导向，把解决实际问题作为打开工作局面的突破口。具体来说，年轻干部要加强能力建设，包括科学决策能力。科学决策包括很多具体环节、维度和要求。其中一个重要的维度，就是政策方案的抉择。政策科学是社会科学，不是自然科学，往往没有最优，只有次优。政策方案是社会价值的权威性分配，不同的政策方案具有不同的考虑侧重点，是个复杂事物。科学决策往往面临着取舍两难的困境。不仅要考虑社会效益和成本，还要考虑风险因素，以及长远与近期、局部和整体、效率和公平的平衡，甚至政治性的取舍。大算盘、大账，就是国家整体利益、长远利益、关键利益，是国之大者。打大算盘、算大账，就是科学决策中以大局为重、全局为重，体现为对国之大者心中有数。相应地，要求在作决策前先作深入研究、可行性研究、综合评判，多方听取意见，看事情是否值得做、是否符合实际等，全面权衡，科学决断。

📄 2020 年 12 月在中央政治局民主生活会上的讲话①

2020 年 12 月 24 日至 25 日，中共中央政治局召开民主生活会，习近平主持会议并发表重要讲话。习近平指出，中央政治局的同志是贯彻落实党中央精神的重要组织者和推动者，更应该不断提

---

① 参见《加强政治建设提高政治能力坚守人民情怀 不断提高政治判断力政治领悟力政治执行力》，《人民日报》2020 年 12 月 26 日。

高政治领悟力，对"国之大者"了然于胸，明确自己的职责定位。

提高政治领悟力是对国之大者了然于胸的重要前提。在这次民主生活会上，习近平同志首次提出政治能力的具体组成，就是"政治三力"，包括政治判断力、政治领悟力、政治执行力，并明确将政治领悟力与国之大者联系起来。领导干部特别是高级领导干部担的是政治责任，讲政治必须提高政治领悟力。政治领悟力是从讲政治的高度领会、体悟党中央精神的能力，反映了党员干部在政治上的积极认识、主体自觉和责任担当。只有提高政治领悟力，对党中央精神深入学习、融会贯通，坚持用党中央精神分析形势、推动工作，才能做到对国之大者了然于胸，履行职责定位时有大格局、大担当、大作为，始终同党中央保持高度一致。所以，政治领悟力是对国之大者了然于胸的前提条件。

📝 2021年1月在省部级主要领导干部专题研讨班上的讲话①

2021年1月11日，习近平在省部级主要领导干部学习贯彻党的十九届五中全会精神专题研讨班开班式上发表重要讲话。习近平强调，各级领导干部特别是高级干部必须立足中华民族伟大复兴战略全局和世界百年未有之大变局，心怀"国之大者"，不断提高政治判断力、政治领悟力、政治执行力，不断提高把握新发展阶段、贯彻新发展理念、构建新发展格局的政治能力、战略眼光、专业水平，敢于担当、善于作为，把党中央决策部署贯彻落实好。

---

① 参见《深入学习坚决贯彻党的十九届五中全会精神 确保全面建设社会主义现代化国家开好局》，《人民日报》2021年1月12日。

大格局

在习近平同志的这篇讲话中，贯穿始终的是对心怀国之大者在政治上的根本要求。高级干部要成为马克思主义政治家，各级领导干部要成为政治上的明白人。具体来讲，可以从4个方面来领会。

第一，坚持党的全面领导是国之大者，体现了国之大者的政治本质。经济工作从来都不是抽象的、孤立的，而是具体的、联系的。党中央举办这次专题研讨班，目的是深入研讨、交流体会，准确把握新发展阶段，深入贯彻新发展理念，加快构建新发展格局，推动"十四五"时期高质量发展，确保全面建设社会主义现代化国家开好局、起好步。习近平同志的这次讲话主题紧扣党的十九届五中全会精神，主要讲了4个问题，前3个分别是"准确把握新发展阶段""深入贯彻新发展理念""加快构建新发展格局"，而第4个讲的是"加强党对社会主义现代化建设的全面领导"。[①] 习近平同志在讲第4个问题时提出了心怀国之大者。党的十九届五中全会精神能否贯彻落实好，事关未来5年、15年乃至更长时期党和国家事业发展大局。中国特色社会主义最本质的特征是中国共产党领导，要贯彻落实好党的十九届五中全会精神，必须加强党对社会主义现代建设的全面领导，发挥我们党的政治优势、制度优势。因此，可以认为党的全面领导是国之大者的重要内涵。

第二，"准确把握新发展阶段""深入贯彻新发展理念""加快构建新发展格局"都是国之大者。这三个国之大者，体现了党中央的重大历史判断、重大理论理念指导以及重大战略布局。进入新发展阶段、贯彻新发展理念、构建新发展格局，是由我国经济

---

① 习近平：《把握新发展阶段，贯彻新发展理念，构建新发展格局》，《求是》2021年第9期。

社会发展的理论逻辑、历史逻辑、现实逻辑决定的，三者紧密关联。进入新发展阶段明确了我国发展的历史方位，贯彻新发展理念明确了我国现代化建设的指导原则，构建新发展格局明确了我国经济现代化的路径选择。把握新发展阶段是贯彻新发展理念、构建新发展格局的现实依据，贯彻新发展理念为把握新发展阶段、构建新发展格局提供了行动指南，构建新发展格局则是应对新发展阶段的机遇和挑战、贯彻新发展理念的战略选择。

准确把握新发展阶段是国之大者。新发展阶段是我国社会主义发展进程中的一个重要阶段。正确认识党和人民事业所处的历史方位和发展阶段，是我们党明确阶段性中心任务、制定路线方针政策的根本依据，也是我们党领导革命、建设、改革不断取得胜利的重要经验。全面建成小康社会、实现第一个百年奋斗目标之后，我们要乘势而上开启全面建设社会主义现代化国家新征程、向第二个百年奋斗目标进军，这标志着我国进入了一个新发展阶段。作出这样的战略判断，有着深刻的依据。

深入贯彻新发展理念是国之大者。我们党领导人民治国理政，很重要的一个方面就是要回答好实现什么样的发展、怎样实现发展这个重大问题。党的十八大以来，我们党对经济形势进行科学判断，对发展理念和思路作出及时调整，对经济社会发展提出了许多重大理论和理念，引导我国经济发展取得了历史性成就、发生了历史性变革。其中，新发展理念是最重要、最主要的理论创新成果。新发展理念是一个系统的理论体系，回答了关于发展的目的、动力、方式、路径等一系列理论和实践问题，阐明了我们党关于发展的政治立场、价值导向、发展模式、发展道路等重大政治问题。全党必须完整、准确、全面地贯彻新发展理念。

加快构建新发展格局是国之大者。加快构建以国内大循环为主体、国内国际双循环相互促进的新发展格局，是《中共中央关于制定国民经济和社会发展第十四个五年规划和二〇三五年远景目标的建议》提出的一项关系我国发展全局的重大战略任务，需要从全局高度准确把握和积极推进。近年来，经济全球化遭遇逆流，国际经济循环格局发生深度调整。新冠肺炎疫情也加剧了逆全球化趋势，各国内顾倾向上升。现在的形势已经很不一样了，大进大出的环境条件已经变化，必须根据新的形势提出引领发展的新思路。建立以国内大循环为主体、国内国际双循环相互促进的新发展格局，是把握未来发展主动权的战略性布局和先手棋，是新发展阶段要着力推动完成的重大历史任务，也是贯彻新发展理念的重大举措。我国作为一个人口众多和超大市场规模的社会主义国家，在迈向现代化的历史进程中，必然要承受其他国家都不曾遇到的各种压力和严峻挑战。加快构建新发展格局，就是要在各种可以预见和难以预见的狂风暴雨、惊涛骇浪中，增强我们的生存力、竞争力、发展力、持续力，确保中华民族伟大复兴进程不被迟滞甚至中断。

第三，心怀国之大者要立足两个大局，就是中华民族伟大复兴战略全局和世界百年未有之大变局。当今世界正经历百年未有之大变局。最近一段时间以来，世界最主要的特点就是一个"乱"字，而这个趋势看来可能还会延续下去。这次应对新冠肺炎疫情全球大流行，各国的领导力和制度优越性如何，高下立判。时与势在我们一边，这是我们的定力和底气所在，也是我们的决心和信心所在。同时，我们必须清醒地看到，当前和今后一个时期，虽然我国发展仍然处于重要战略机遇期，但机遇和挑战都有新的发展变化，机遇和挑战之大都前所未有，总体上机遇大于挑战。古人说："慎易以避难，敬细以远大。"全党必须继续谦虚谨慎、艰苦奋斗，调动一切可以调动的积极因素，团结一切可以团结的力量，全力办好自己的事，锲而不舍地实现我们的既定目标。

第四，要做到心怀国之大者，必须不断提高政治判断力、领悟力和执行力。相对于习近平同志在2020年12月中央政治局民主生活会上的讲话，这次讲话中心怀国之大者与提高政治能力的联系更加深厚。心怀国之大者不仅要提高政治领悟力，而且要提高政治判断力和政治执行力。在一个十几亿人口的东方大国实现社会主义现代化，必须坚持实事求是、稳中求进、协同推进，加强前瞻性思考、全局性谋划、战略性布局、整体性推进，实现发展质量、结构、规模、速度、效益、安全相统一。只有如此，才能不断提高把握新发展阶段、贯彻新发展理念、构建新发展格局的政治能力、战略眼光、专业水平，敢于担当、善于作为，把党中央决策部署贯彻落实好。

2021年1月在中央政治局集体学习时的讲话①

2021年1月28日下午，中共中央政治局就做好"十四五"时期我国发展开好局、起好步的重点工作进行第二十七次集体学习。习近平在主持学习时强调，各级领导干部特别是高级干部要不断提高政治判断力、政治领悟力、政治执行力，对"国之大者"了然于胸，把贯彻党中央精神体现到谋划重大战略、制定重大政策、部署重大任务、推进重大工作的实践中去，经常对表对标，及时校准偏差。

---

① 参见《完整准确全面贯彻新发展理念 确保"十四五"时期我国发展开好局起好步》，《人民日报》2021年1月30日。

对国之大者了然于胸是政治要求。完整、准确、全面贯彻新发展理念，是经济社会发展的工作要求，也是十分重要的政治要求。改革发展稳定、内政外交国防、治党治国治军，样样是政治，样样离不开政治。党领导人民治国理政，最重要的就是处理好各种复杂的政治关系，始终保持党和国家事业发展的正确政治方向。

尤其要坚持党的全面领导和党中央集中统一领导这一国之大者。越是形势复杂、任务艰巨，越要坚持党的全面领导和党中央集中统一领导，越要把党中央关于贯彻新发展理念的要求落实到工作中去。只有站在政治的高度，才能对党中央的大政方针和决策部署领会得更透彻，工作起来才能更有预见性和主动性。

同时，国家重大战略、重大政策、重大任务、重大工作等党中央精神也是国之大者。贯彻党中央精神并体现到谋划重大战略、制定重大政策、部署重大任务、推进重大工作的实践中去，经常对表对标，及时校准偏差，就是对国之大者心中有数。为了做到对国之大者了然于胸，必须不断提高政治判断力、政治领悟力、政治执行力。对国之大者了然于胸，既是对高级干部的要求，也是对各级领导干部的要求。

2021年2月在党史学习教育动员大会上的讲话[①]

党的十八大以来，我们全力推进党的政治建设，健全维护党中央权威和集中统一领导的各项制度，党的团结统一更加巩固。同时，我们也要看到，现在仍有一些党员、干部政治意识不强、

---

① 习近平：《在党史学习教育动员大会上的讲话》，《求是》2021年第7期。

政治敏锐性不高，不善于从政治上观察和处理问题，对"国之大者"不关心，对政治要求、政治规矩、政治纪律不上心，对各种问题的政治危害性不走心，对贯彻落实党中央的大政方针不用心，讲政治还没有从外部要求转化为内在主动。

党的团结统一，尤其"两个维护"是国之大者。这次讲话就开展党史学习教育提出了几个重点要求，其中一点就是"进一步增强党的团结和集中统一，确保全党步调一致向前进"，并在这一部分论述中提出了国之大者。保证全党服从中央，维护党中央权威和集中统一领导，是党的政治建设的首要任务，必须常抓不懈。"壹引其纲，万目皆张。"维护党中央权威和集中统一领导不能停留在口头上，而是要体现在行动上。因此，要教育引导全党从党史中汲取正反两方面历史经验，坚定不移向党中央看齐，不断提高政治判断力、政治领悟力、政治执行力，切实增强"四个意识"、坚定"四个自信"、做到"两个维护"，自觉在思想上政治上行动上同党中央保持高度一致，确保全党上下拧成一股绳，心往一处想、劲往一处使。

要警惕政治能力不足问题，这是对国之大者不关心的重要原因。党的十八大以来，我们全力推进党的政治建设，健全维护党中央权威和集中统一领导的各项制度，党的团结统一更加巩固。同时，我们也要看到，现在仍有一些党员干部对国之大者不关心。其原因在于政治意识不强、政治敏锐性不高，不善于从政治上观察和处理问题。其结果是对政治要求、政治规矩、政治纪律不上心，对各种问题的政治危害性不走心，对贯彻落实党中央的大政方针不用心，讲政治还没有从外部要求转化为内在主动。这也是至今为止，习近平同志唯一一次从警示的角度要求党员干部心怀国之大者。

大格局

2021年4月在清华大学考察时的讲话①

2021年4月19日，在清华大学建校110周年校庆日即将来临之际，习近平来到清华大学考察。习近平强调，我国高等教育要立足中华民族伟大复兴战略全局和世界百年未有之大变局，心怀"国之大者"，把握大势，敢于担当，善于作为，为服务国家富强、民族复兴、人民幸福贡献力量。广大青年要肩负历史使命，坚定前进信心，立大志、明大德、成大才、担大任，努力成为堪当民族复兴重任的时代新人，让青春在为祖国、为民族、为人民、为人类的不懈奋斗中绽放绚丽之花。

高等教育是国之大者。百年大计，教育为本。新中国成立以来，我国高等教育走过了从小到大、从弱到强的极不平凡历程，办学规模、培养质量、服务能力实现历史性跃升。特别是党的十八大以来，我国高等教育与祖国共进、与时代同行，创造了举世瞩目的发展成就。2021年是中国共产党成立100周年，我国开启了全面建设社会主义现代化国家新征程。党和国家事业发展对高等教育的需要，对科学知识和优秀人才的需要，比以往任何时候都更为迫切。我们要建设的世界一流大学是中国特色社会主义的一流大学，我国社会主义教育就是要培养德智体美劳全面发展的社会主义建设者和接班人。

办好我国高等教育，要心怀国之大者。一流大学建设要坚持

---

① 参见《坚持中国特色世界一流大学建设目标方向 为服务国家富强民族复兴人民幸福贡献力量》，《人民日报》2021年4月20日。

党的领导，坚持马克思主义指导地位，全面贯彻党的教育方针，坚持社会主义办学方向，抓住历史机遇，紧扣时代脉搏，立足中华民族伟大复兴战略全局和世界百年未有之大变局，立足新发展阶段、贯彻新发展理念、服务构建新发展格局，把发展科技第一生产力、培养人才第一资源、增强创新第一动力更好结合起来，更好为改革开放和社会主义现代化建设服务。

广大青年要心怀国之大者。青年是整个社会力量中最积极、最有生气的力量，国家的希望在青年，民族的未来在青年。建党百年来，我们党取得的所有成就都凝聚着青年的热情和奉献。今天，新时代中国青年处在中华民族发展的最好时期，既面临着难得的建功立业的人生际遇，也面临着"天将降大任于斯人"的时代使命。新时代中国青年要有家国情怀，以实现中华民族伟大复兴为己任，不辜负党的期望、人民期待、民族重托，不辜负我们这个伟大时代。

2021年4月在广西考察时的讲话①

2021年4月25日至27日，习近平赴广西考察，并来到才湾镇毛竹山村，察看了村容村貌和乡村振兴成果。离开村子时，乡亲们高声向总书记问好。习近平向大家挥手致意。他深情地说，让人民生活幸福是"国之大者"。

人民生活幸福是国之大者。我们党从人民中来，到人民中去，人民是国家根本。时代是出卷人，我们是答卷人，人民是阅卷人。

---

① 参见《解放思想深化改革凝心聚力担当实干 建设新时代中国特色社会主义壮美广西》，《人民日报》2021年4月28日。

为了人民，是我们党执政的初心使命；依靠人民，是我们党执政的最大基础和底气。人民就是江山，共产党打江山、守江山，守的是人民的心，为的是让人民过上好日子。2015年10月，在党的十八届五中全会上，明确提出了坚持以人民为中心的发展思想。2020年10月，在党的十九届五中全会上，强调要努力促进"全体人民共同富裕取得更为明显的实质性进展"。2021年7月，习近平同志在庆祝中国共产党成立100周年大会上的重要讲话中，"人民"二字出现了86次。

乡村振兴是国之大者。农业、农村、农民问题是关系国计民生的根本性问题，必须始终把解决好"三农"问题作为全党工作的重中之重，实施乡村振兴战略。经过全党全国各族人民共同努力，在迎来中国共产党成立100周年的重要时刻，我国脱贫攻坚战取得全面胜利。同时，全面推进乡村振兴的深度、广度、难度都不亚于脱贫攻坚，决不能有任何喘口气、歇歇脚的想法，要在新起点上接续奋斗，推动全体人民共同富裕取得更为明显的实质性进展。乡村振兴战略是党的十九大报告中提出的国家战略部署。2018年3月5日，《政府工作报告》提出要大力实施乡村振兴战略。2018年9月，中共中央、国务院印发了《乡村振兴战略规划（2018—2022年）》。2021年2月21日，《中共中央国务院关于全面推进乡村振兴加快农业农村现代化的意见》发布，这是21世纪以来第18个指导"三农"工作的中央一号文件。2月25日，国务院直属机构国家乡村振兴局正式挂牌。2021年3月，《中共中央国务院关于实现巩固拓展脱贫攻坚成果同乡村振兴有效衔接的意见》发布，提出乡村振兴工作重点。2021年4月29日，十三届全国人大常委会第二十八次会议表决通过《中华人民共和国乡村振兴促进法》。2022年1月4日，最新的中央一号文件《中共中央国务院关于做好2022年全面推进乡村振兴重点工作的意见》出台。

💬 2021年6月在青海考察时的讲话①

2021年6月7日至9日，习近平在青海考察。习近平强调，保护好青海生态环境，是"国之大者"。要牢固树立绿水青山就是金山银山理念，切实保护好地球第三极生态。

这是习近平同志继陕西考察后，再次强调保护好生态环境是国之大者，并突出了青海生态环境的战略地位。进入新发展阶段、贯彻新发展理念、构建新发展格局，青海的生态安全地位、国土安全地位、资源能源安全地位显得更加重要。要优化国土空间开发保护格局，坚持绿色低碳发展，结合实际、扬长避短，走出一条具有地方特色的高质量发展之路。要立足高原特有资源禀赋，积极培育新兴产业，加快建设世界级盐湖产业基地，打造国家清洁能源产业高地、国际生态旅游目的地、绿色有机农畜产品输出地。要把三江源保护作为青海生态文明建设的重中之重，承担好维护生态安全、保护三江源、保护"中华水塔"的重大使命。要继续推进国家公园建设，理顺管理体制，创新运行机制，加强监督管理，强化政策支持，探索更多可复制可推广经验。要加强雪山冰川、江源流域、湖泊湿地、草原草甸、沙地荒漠等生态治理修复，全力推动青藏高原生物多样性保护。要积极推进黄河流域生态保护和高质量发展，综合整治水土流失，稳固提升水源涵养

---

① 参见《坚持以人民为中心深化改革开放 深入推进青藏高原生态保护和高质量发展》，《人民日报》2021年6月10日。

能力，促进水资源节约集约高效利用。

📖 2021年7月在庆祝中国共产党成立100周年大会上的讲话①

  新的征程上，我们必须坚持党的全面领导，不断完善党的领导，增强"四个意识"、坚定"四个自信"、做到"两个维护"，牢记"国之大者"，不断提高党科学执政、民主执政、依法执政水平，充分发挥党总揽全局、协调各方的领导核心作用！

  这是习近平同志首次系统提出讲政治维度上的国之大者的丰富内涵。坚持党的全面领导，不断完善党的领导，增强"四个意识"、坚定"四个自信"、做到"两个维护"，这些都是国之大者。其总纲，是坚持并完善党的领导；其目标，是充分发挥党总揽全局、协调各方的领导核心作用；其关键，是"四个意识""四个自信""两个维护"；其路径，是提高党科学执政、民主执政、依法执政水平。初心易得，始终难守。以史为鉴，可以知兴替。我们要用历史映照现实、远观未来，从中国共产党的百年奋斗中看清楚过去我们为什么能够成功、弄明白未来我们怎样才能继续成功，从而在新的征程上更加坚定、更加自觉地牢记初心使命，开创美好未来。具体来讲，就是9个"以史为鉴"。其中第一个就是"以史为鉴、开创未来，必须坚持中国共产党坚强领导"。历史和人民选择了中国共产党。中国共产党领导是中国特色社会主义最本质的特征，是中国特色社会主义制度的最大优势，是党和国家的根本所在、命脉所在，是全国各族人民的利益所系、命运所系。要

---

  ① 习近平：《在庆祝中国共产党成立100周年大会上的讲话》，《人民日报》2021年7月2日。

坚持并完善党的领导，关键在于不断提高党科学执政、民主执政、依法执政水平，由此才能更好发挥党总揽全局、协调各方的领导核心作用。

2021年7月在西藏考察时的讲话①

2021年7月21日至23日，习近平来到西藏，祝贺西藏和平解放70周年，看望慰问西藏各族干部群众。习近平听取了西藏自治区党委和政府工作汇报。习近平强调，要在锤炼党性上力行，教育引导广大党员、干部发扬党的光荣传统、赓续红色血脉，用伟大建党精神滋养党性修养，坚定理想信念，不断提高政治判断力、政治领悟力、政治执行力，胸怀"国之大者"，始终用党性原则修身律己，切实以坚强党性取信于民、引领群众。

锤炼党性，提高政治能力，是胸怀国之大者的重要途径。在建党百年、刚刚召开庆祝中国共产党成立100周年大会之际，习近平同志赴西藏考察，在讲话中强调学党史，顺理成章。他在讲话中强调，学史力行是党史学习教育的落脚点，要把学史明理、学史增信、学史崇德的成果转化为改造主观世界和客观世界的实际行动。通过学习党史锤炼党性，是学史力行的重要方面。通过锤炼党性，加强党性修养，坚定理想信念，提高政治能力，有利于党员干部胸怀国之大者。当然，学史力行还体现在为民服务和推动发展上。通过党史学习，教育引导广大党员干部始终把人民放在心中最高位置，当好人民群众的知心人、贴心人、领路人，用

---

① 参见《全面贯彻新时代党的治藏方略 谱写雪域高原长治久安和高质量发展新篇章》，《人民日报》2021年7月24日。

心用情用力解决好群众急难愁盼问题，努力推动全体人民共同富裕取得更加明显的实质性进展。要在推动发展上力行，教育引导党员干部把学习党史同推动工作结合起来，坚持求真务实、担当作为，创造性落实党中央决策部署，着力破解发展难题、厚植发展优势，努力作出无愧于党和人民、无愧于历史和时代的新业绩。

2021年8月在中央民族工作会议上的讲话①

2021年8月27日至28日，中央民族工作会议在北京召开，习近平出席会议并发表重要讲话。习近平指出，各级党委要增强"四个意识"、坚定"四个自信"、做到"两个维护"，不断提高政治判断力、政治领悟力、政治执行力，牢记"国之大者"，认真履行主体责任，把党的领导贯穿民族工作全过程，形成党委统一领导、政府依法管理、统战部门牵头协调、民族工作部门履职尽责、各部门通力合作、全社会共同参与的新时代党的民族工作格局。

做好民族工作，是心怀国之大者的重要体现。必须从中华民族伟大复兴战略高度把握新时代党的民族工作的历史方位，以实现中华民族伟大复兴为出发点和落脚点，统筹谋划和推进新时代党的民族工作。必须把推动各民族为全面建设社会主义现代化国家共同奋斗作为新时代党的民族工作的重要任务，促进各民族紧跟时代步伐，共同团结奋斗、共同繁荣发展。必须以铸牢中华民族共同体意识作为新时代党的民族工作的主线，推动各民族坚定对伟大祖国、中华民族、中华文化、中国共产党、中国特色社

---

① 参见《以铸牢中华民族共同体意识为主线 推动新时代党的民族工作高质量发展》，《人民日报》2021年8月29日。

主义的高度认同，不断推进中华民族共同体建设。要从党的百年奋斗征程把握现阶段民族工作的历史方位和重要使命，深刻认识铸牢中华民族共同体意识的历史必然性、极端重要性和现实针对性，使之贯穿民族工作各领域全过程。

加强和完善党的全面领导，是国之大者，也是做好新时代党的民族工作的根本政治保证。形成新时代党的民族工作格局，有赖于在政治上增强"四个意识"、坚定"四个自信"、做到"两个维护"，不断提高政治能力，把党的领导贯穿民族工作全过程。具体来说，要加强基层民族工作机构建设和民族工作力量，确保基层民族工作有效运转。要坚持新时代好干部标准，努力建设一支维护党的集中统一领导态度特别坚决、明辨大是大非立场特别清醒、铸牢中华民族共同体意识行动特别坚定、热爱各族群众感情特别真挚的民族地区干部队伍，确保各级领导权掌握在忠诚干净担当的干部手中。要更加重视、关心、爱护在条件艰苦地区工作的一线干部，吸引更多优秀人才。要重视培养和用好少数民族干部，对政治过硬、敢于担当的优秀少数民族干部要充分信任、委以重任。要加强民族地区基层政权建设，夯实基层基础，确保党的民族理论和民族政策到基层有人懂、民族工作在基层有人抓。

2021年9月在中央人才工作会议上的讲话[①]

2021年9月27日至28日，中央人才工作会议在北京召开。习近平出席会议并发表重要讲话。习近平强调，广大人才要继承和发扬老一辈科学家胸怀祖国、服务人民的优秀品质，心怀"国之

---

① 参见《深入实施新时代人才强国战略 加快建设世界重要人才中心和创新高地》，《人民日报》2021年9月29日。

大者",为国分忧、为国解难、为国尽责。

家国情怀、责任担当,为国分忧解难,是心怀国之大者的重要体现。家是最小国,国是千万家,每个人的生命体验都与家国紧相连。从历史上看,家国情怀起源于士大夫的人文信仰和人文精神,知识分子是最具有家国情怀的社会阶层。家国情怀在形成过程中,与儒家思想是密不可分的,是经历了战争失败、骨肉分离、国破家亡之后伤痛思维的沉淀。家国情怀作为近代特殊的社会历史的思想产物,随着士大夫的人文精神不断下移,是士大夫精神在整个民族遭受苦难之后精神的重构,带有很强的积极、正面意义。家国情怀具有时代性,随着时间的推移,这种超越民族、意识形态的优秀文化传统在社会建设、国家统一、展现民族凝聚力方面都开始发挥作用。因此,做好人才工作必须坚持正确政治方向,不断加强和改进知识分子工作,鼓励人才心怀国之大者,主动担负起时代赋予的使命责任。在百年奋斗历程中,我们党始终重视培养人才、团结人才、引领人才、成就人才,团结和支持各方面人才为党和人民事业建功立业。

责任担当是心怀国之大者的精髓所在。从毛泽东"埋骨何须桑梓地,人生无处不青山"的壮志豪情,到赵一曼"未惜头颅新故国,甘将热血沃中华"的慷慨赴义,再到焦裕禄"心里装着全体人民,唯独没有他自己"的为民情深,常怀爱民之心、常思兴国之道、常念复兴之志,是共产党人家国情怀的生动写照。国而忘家,公而忘私,把个人价值寄托在对国家和人民的大爱与奋斗中,见证共产党人的忠诚信仰和无私情怀。以伟岸人格承接伟大担当,以家国情怀托举复兴使命,每个党员干部都应有这样的使命自觉。

做好人才工作是中央重大部署，是国之大者。人才是实现民族振兴、赢得国际竞争主动的战略资源，这是党中央作出的重大判断。当前，我国进入了全面建设社会主义现代化国家、向第二个百年奋斗目标进军的新征程，我们比历史上任何时期都更加接近实现中华民族伟大复兴的宏伟目标，也比历史上任何时期都更加渴求人才。实现我们的奋斗目标，高水平科技自立自强是关键。综合国力竞争说到底是人才竞争。人才是衡量一个国家综合国力的重要指标。国家发展靠人才，民族振兴靠人才。我们必须增强忧患意识，更加重视人才自主培养，加快建立人才资源竞争优势。党的十八以来，中央作出全方位培养、引进、使用人才的重大部署，推动新时代人才工作取得历史性成就、发生历史性变革。党对人才工作的领导全面加强，人才队伍快速壮大，人才效能持续增强，人才比较优势稳步增强，我国已经拥有一支规模宏大、素质优良、结构不断优化、作用日益突出的人才队伍，我国人才工作站在一个新的历史起点上。

2021 年 11 月在党的十九届六中全会第二次全体会议上的讲话①

在新的起点上，全党必须保持战略定力、锚定战略目标，牢记"国之大者"，在实现中华民族伟大复兴的历史进程中跑好属于我们这代人的这一棒。

实现中华民族伟大复兴，是党的百年奋斗的初心使命，也是国之大者。100 多年来，我们党团结带领人民进行的一切奋斗、一

---

① 习近平：《以史为鉴、开创未来 埋头苦干、勇毅前行》，《求是》2022 年第 1 期。

切牺牲、一切创造，都是在践行为中国人民谋幸福、为中华民族谋复兴的初心使命。我们党能够在近代以后各种政治力量反复较量中脱颖而出、赢得人民信任、取得重大成就，根本原因就在于党在坚持初心使命上矢志不渝、坚定如磐。我们党在不同历史时期有不同奋斗目标和工作任务，但这些目标和任务总体上都服从服务于为中国人民谋幸福、为中华民族谋复兴。今天，我们比历史上任何时期都更接近、更有信心和能力实现中华民族伟大复兴的目标。

2021年12月在中共中央政治局党史学习教育专题民主生活会上的讲话①

2021年12月27日至28日，中共中央政治局召开党史学习教育专题民主生活会，习近平主持会议并发表重要讲话。习近平强调，中央政治局的同志要带头贯彻执行党中央决策部署，在不折不扣执行上下功夫，推动分管领域、分管部门全面深入学习领会党中央的决策和工作部署，对"国之大者"领悟到位，确保执行不偏向、不变通、不走样。

党中央的决策部署是国之大者，领悟到位、执行到位是心怀"国之大者"的重要表现。这次民主生活会以弘扬伟大建党精神，坚持党的百年奋斗历史经验，坚定历史自信，不忘初心使命，勇于担当作为，走好新的赶考之路为主题，联系中央政治局工作，联系带头严格执行中央政治局关于加强和维护党中央集中统一领导的若干规定，联系带头贯彻落实习近平总书记重要指示批示和

---

① 参见《弘扬伟大建党精神坚持党的百年奋斗历史经验 增加历史自信增进团结统一增强斗争精神》，《人民日报》2021年12月29日。

党中央决策部署的实际,联系带头学党史、悟思想、办实事、开新局的实际,联系带头严格执行中央八项规定及其实施细则和解决形式主义突出问题、为基层减负的实际,回顾一年来中央政治局加强自身建设情况,总结成绩,查摆不足,进行党性分析,开展批评和自我批评。习近平同志在会议上强调,要从党的百年奋斗史中汲取智慧和力量,加强中央政治局自身建设。中央政治局的同志要自觉践行初心使命,有大格局、大情怀,站得高、看得远、谋得深、想得实,看淡个人得失、看开功名利禄,时刻以党和人民事业为重,始终同人民群众心心相印、生死相依、命运与共。要带头坚定理想信念,从理想信念中获得察大势、应变局、观未来的指路明灯,获得奋斗不止、精进不息的动力源泉,获得辨别是非、廓清迷雾的政治慧眼,获得抵御侵蚀、防止蜕变的强大抗体。要带头维护党中央权威和集中统一领导,不仅自己要坚定清醒,而且要在推动全党做到维护党中央权威和集中统一领导上自觉用力,特别是要防止和克服不良倾向。要具有很强的战略眼光、前瞻眼光,聚焦新的实践提出的新课题,发扬民主、集思广益,提出符合实际、符合规律的决策建议。因此,把党中央的决策部署作为国之大者领悟到位、执行到位,是我们从党的百年奋斗史中汲取的重要经验。

2022 年 2 月对述职报告的批示要求①

根据党中央有关规定,中央政治局委员、书记处书记,全国

---

① 参见《中央政治局委员 书记处书记 全国人大常委会 国务院 全国政协党组成员 最高人民法院 最高人民检察院党组书记向党中央和习近平总书记述职》,《人民日报》2022 年 3 月 1 日。

人大常委会、国务院、全国政协党组成员，最高人民法院、最高人民检察院党组书记每年向党中央和习近平总书记书面述职。2022年2月，有关同志按规定向党中央和习近平总书记书面述职。习近平认真审阅了述职报告并提出重要要求，强调今年是进入全面建设社会主义现代化国家、向第二个百年奋斗目标进军新征程的重要一年，我们党将召开二十大。要全面贯彻党的十九大和十九届历次全会精神，增强"四个意识"、坚定"四个自信"、做到"两个维护"，对"国之大者"领悟到位，始终在思想上政治上行动上同党中央保持高度一致。

党和国家中心工作与主要任务是国之大者。相关中央领导同志向党中央和习近平总书记的书面述职，紧扣2021年度中心工作和主要任务。比如，庆祝中国共产党成立100周年、开展党史学习教育、应对百年变局和世纪疫情、实现"十四五"良好开局等。这些内容都属于国之大者，相关中央领导同志在领悟国之大者方面作出了最好示范。习近平同志强调，2022年是进入全面建设社会主义现代化国家、向第二个百年奋斗目标进军新征程的重要一年，我们党将召开二十大。这些当然也是国之大者，需要全面贯彻党的十九大和十九届历次全会精神，增强"四个意识"、坚定"四个自信"、做到"两个维护"，始终在思想上政治上行动上同党中央保持高度一致。要弘扬伟大建党精神，以强烈的政治责任感和历史使命感履行职责，坚持问题导向，坚持底线思维，以钉钉子精神做好各项工作，坚定不移贯彻落实党中央方针政策和工作部署。要坚持稳中求进工作总基调，推动分管领域、分管部门完整、准确、全面贯彻新发展理念，加快构建新发展格局，推动高质量发展，做好保障和改善民生各项工作。要履行全面从严治党主体责任，执行中央八项规定及其实施细则精神，发扬自我革命精神，永葆清正廉洁的政治本色。要继续发扬历史主动精神，敢于斗争、善于斗争，乘势而上、砥砺前行，时刻以党和人民事业为重，走好全面建设社会主义现代化国家新的赶考之路，以实际行动迎接党的二十大胜利召开。

维护党的团结统一是心怀国之大者的集中体现。相关中央领导同志在书面述职中，就2021年度中心工作和主要任务等总结经验，分析不足，提出努力方向。一是深入学习党的十九大及十九届历次全会精神，深刻领会"两个确立"的决定性意义，不断增强"两个维护"的政治自觉、思想自觉、行动自觉，确保在政治立场、政治方向、政治原则、政治道路上始终同以习近平同志为核心的党中央保持高度一致。二是带头学习贯彻习近平新时代中国特色社会主义思想，坚持用马克思主义之"矢"去射新时代中国之"的"。扎实开展党史学习教育，自觉弘扬伟大建党精神，始终掌握新时代新征程党和国家事业发展的历史主动。三是坚决贯彻落实党中央决策部署和习近平总书记重要指示批示精神，统筹推进新冠肺炎疫情防控和经济社会发展、统筹发展和安全，增强斗争精神和斗争本领，分类精准施策，积极研究推动分管领域工作，认真完成党中央赋予的职责任务。四是认真履行全面从严治党主体责任，严格执行请示报告制度，扎实推进分管领域党风廉政建设和反腐败工作，切实加强领导班子和干部队伍建设，全面提高党的建设质量。五是严格落实中央八项规定及其实施细则精神，坚持以身作则、廉洁自律，坚决反对形式主义、官僚主义，坚决反对特权思想，从严教育管理亲属和身边工作人员，主动接受各方面监督。从这些总结里，我们看到了贯穿始终的对维护党的团结统一的坚持。相关中央领导同志讲政治、高标准、严要求、作表率，充分体现了大格局、高境界。

大格局

📄 2022年3月在中央党校（国家行政学院）中青年干部培训班开班式上的讲话①

2022年3月1日上午，习近平在春季学期中央党校（国家行政学院）中青年干部培训班开班式上发表重要讲话，强调年轻干部要心怀"国之大者"，站在全局和战略的高度想问题、办事情，一切工作都要以贯彻落实党中央决策部署为前提，不能为了局部利益损害全局利益、为了暂时利益损害根本利益和长远利益。

对青年干部心怀国之大者、具备大局观的要求始终如一。青年干部干事业有闯劲有活力，同时要会干事业、把事业干好，必须要有大局观，这是青年干部培养最需要的，也是青年干部最不容易把握的。在2020年10月秋季学期中央党校（国家行政学院）中青年干部培训班开班式讲话中，习近平同志从科学决策角度强调了国之大者，强调要打大算盘、算大账，把地区和部门的工作融入党和国家事业大局。2022年，习近平同志第二次在中青班开班式讲话中强调国之大者，强调大局观。相对而言，这次讲话对青年干部心怀国之大者的要求更加具体，也更加全面。首先，不仅从正面要求站在全局和战略的角度想问题、办事情；而且从反面警示，不能为了局部利益损害全局利益，不能为了暂时利益损害根本利益和长远利益。其次，给出了最重要的提升格局境界的基本途径，那就是一切工作都要以贯彻落实党中央决策部署为前提。

---

① 参见《筑牢理想信念根基树立践行正确政绩观 在新时代新征程上留下无悔的奋斗足迹》，《人民日报》2022年3月2日。

担当精神和斗争精神是心怀国之大者的重要体现。只有全党继续发扬担当和斗争精神，才能实现中华民族伟大复兴的宏伟目标。担当和斗争是一种精神，最需要的是无私的品格和无畏的勇气。无私者无畏，无畏者才能担当、能斗争。担当和斗争是一种责任，敢于负责才叫真担当、真斗争。党员干部特别是领导干部要发扬历史主动精神，在机遇面前主动出击，不犹豫、不观望；在困难面前迎难而上，不推诿、不逃避；在风险面前积极应对，不畏缩、不躲闪。担当和斗争是一种格局，坚持局部服从全局、自觉为大局担当更为可贵。这些年，我们强调必须准备进行具有许多新的历史特点的伟大斗争，正是有了这样的思想准备，我们才能从容应对一系列风险考验。无数事实告诉我们，唯有以狭路相逢勇者胜的气概，敢于斗争、善于斗争，我们才能赢得尊严、赢得主动，切实维护国家主权、安全、发展利益。年轻干部一定要挺起脊梁、冲锋在前，在斗争中经风雨、见世面。

培养选拔优秀年轻干部本身就是国之大者。培养选拔优秀年轻干部关乎党的命运、国家的命运、民族的命运、人民的福祉，是百年大计。因此，我们党特别注重对青年干部党的理论教育和党性教育。要求青年干部必须政治坚定、党性坚定、理论坚定，加强马克思主义理论武装。我们党在中国这样一个有着14亿多人口的大国执政，面对十分复杂的国内外环境，肩负繁重的执政使命，如果缺乏理论思维，是难以战胜各种风险和困难的，也是难以不断前进的。这就要求我们加强理论学习，掌握和运用辩证唯物主义和历史唯物主义，掌握贯穿其中的马克思主义立场、观点、方法，深入认识共产党执政规律、社会主义建设规律、人类社会发展规律。衡量干部是否有理想信念，关键看是否对党忠诚。领导干部要忠诚干净担当，忠诚始终是第一位的。对党忠诚，就要增强"四个意识"、坚定"四个自信"、做到"两个维护",严守党的政治纪律和政治规矩,始终在政治立场、政治方向、政治原则、政治道路上同党中央保持高度一致。这种一致必须是发自内心、坚定不移的,任何时候任何情况下都要站得稳、靠得住。忠诚和信仰是具体的、实践的。要经常对照党章党规党纪,检视自己的理想信念和思想言行,不断掸去思想上的灰尘,永葆政治本色。

三、从重要会议和决议精神中领会国之大者

2021年11月《中共中央关于党的百年奋斗重大成就和历史经验的决议》①

党中央要求党的领导干部提高政治判断力、政治领悟力、政治执行力,胸怀"国之大者",对党忠诚、听党指挥、为党尽责。

这是首次将"国之大者"写入中央文件,而且是具有如此重大影响的党的历史决议,意义重大。坚持党的集中统一领导,是国之大者。对党忠诚、听党指挥、为党尽责,是党的领导干部讲政治、心怀国之大者的直接体现。提高政治能力,是心怀国之大者的基本保障。《中共中央关于党的百年奋斗重大成就和历史经验的决议》第四部分第一条,从"坚持党的全面领导"方面,总结了新时代中国特色社会主义开创以来党和国家事业取得的历史性成就、发生的历史性变革。坚持党的全面领导,为党和国家事业

---

① 《中共中央关于党的百年奋斗重大成就和历史经验的决议》,《人民日报》2021年11月17日。

发展提供了根本政治保证。同时，党内也存在不少对坚持党的领导认识模糊、行动乏力问题，存在不少落实党的领导弱化、虚化、淡化、边缘化问题，特别是对党中央重大决策部署执行不力，有的搞上有政策、下有对策，甚至口是心非、阳奉阴违。以习近平同志为核心的党中央旗帜鲜明地提出，党的领导是党和国家的根本所在、命脉所在，是全国各族人民的利益所系、命运所系，全党必须自觉在思想上政治上行动上同党中央保持高度一致，提高科学执政、民主执政、依法执政水平，提高把方向、谋大局、定政策、促改革的能力，确保充分发挥党总揽全局、协调各方的领导核心作用。党的领导是全面的、系统的、整体的，保证党的团结统一是党的生命；党中央集中统一领导是党的领导的最高原则，加强和维护党中央集中统一领导是全党共同的政治责任，坚持党的领导首先要旗帜鲜明讲政治，保证全党服从中央。

党的十八大后，为了将党的全面领导、集中统一领导落实到位，不断完善党的领导制度体系，使党的领导方式更加科学，全党思想上更加统一、政治上更加团结、行动上更加一致，党的政治领导力、思想引领力、群众组织力、社会号召力显著增强。党的十八届六中全会通过《关于新形势下党内政治生活的若干准则》，党中央出台《中共中央政治局关于加强和维护党中央集中统一领导的若干规定》，严明党的政治纪律和政治规矩，防止和反对个人主义、分散主义、自由主义、本位主义、好人主义等，发展积极健康的党内政治文化，推动营造风清气正的良好政治生态。健全党的领导制度体系，完善党领导人大、政府、政协、监察机关、审判机关、检察机关、武装力量、人民团体、企事业单位、基层群众性自治组织、社会组织等制度，确保党在各种组织中发挥领导作用。党坚持民主集中制，建立健全党对重大工作的领导体制,强化党中央决策议事协调机构职能作用,完善推动党中央重大决策落实机制,严格执行向党中央请示报告制度,强化政治监督,深化政治巡视,查处违背党的路线方针政策、破坏党的集中统一领导问题,清除"两面人",保证全党在政治立场、政治方向、政治原则、政治道路上同党中央保持高度一致。

2021年1月中央政治局常委会会议精神①

2021年1月7日,中共中央政治局常务委员会召开会议,听取全国人大常委会、国务院、全国政协、最高人民法院、最高人民检察院党组工作汇报,听取中央书记处工作报告。习近平总书记主持会议并发表重要讲话。会议强调,要胸怀中华民族伟大复兴战略全局和世界百年未有之大变局,牢牢把握"国之大者",锚定党中央擘画的宏伟蓝图,观大势、谋全局、抓大事,坚持底线思维,保持战略定力,勇于担当作为,增强斗争精神,认真做好各项工作。

2021年1月中央政治局会议精神②

2021年1月28日,中共中央政治局召开会议,审议《中央政治局常委会听取和研究全国人大常委会、国务院、全国政协、最高人民法院、最高人民检察院党组工作汇报和中央书记处工作报告的综合情况报告》《关于加强基层治理体系和治理能力现代化建设的意见》《关于十九届中央第六轮巡视情况的综合报告》和《关

---

① 参见《听取全国人大常委会、国务院、全国政协、最高人民法院、最高人民检察院党组工作汇报 听取中央书记处工作报告》,《人民日报》2021年1月8日。
② 参见《中共中央政治局召开会议》,《人民日报》2021年1月29日。

于 2020 年中央巡视工作领导小组重点工作情况的报告》。习近平总书记主持会议。会议强调，全国人大常委会、国务院、全国政协、最高人民法院、最高人民检察院党组要坚持以习近平新时代中国特色社会主义思想为指导，增强"四个意识"、坚定"四个自信"、做到"两个维护"，立足中华民族伟大复兴战略全局和世界百年未有之大变局，心怀"国之大者"，锚定党中央擘画的宏伟蓝图，咬定青山不放松，脚踏实地加油干，奋发有为做好各项工作。

上述两次会议精神，都强调了党中央蓝图规划和国家大势、全局、大事是国之大者，两个大局是最显著的时代特征。在中国共产党成立 100 周年、"十四五"开局之年，站在"两个一百年"奋斗目标的历史交汇点上，既要充满信心，也要居安思危。要按照新时代党的建设总要求，以党的政治建设为统领，认真履行全面从严治党主体责任。带头落实维护党中央权威和集中统一领导的各项制度，认真贯彻落实党中央部署要求，扎扎实实完成党中央交办的各项任务。因此，牢牢把握国之大者，做好各项工作，必须立足两个大局，观大势、谋全局、抓大事，坚持底线思维，保持战略定力，勇于担当作为，增强斗争精神。

第二章

准确把握国之大者，多打大算盘、算大账

准确把握心怀国之大者的核心要义，需要回答至少3个问题：其一，国之大者是什么，也就是要理解国之大者的基本内涵；其二，国之大者有什么，也就是国之大者的基本内容；其三，如何心怀国之大者，也就是心怀国之大者的基本要求。

一、明确国之大者基本内涵

"国之大者"包含两个关键字，一个是"国"，一个是"大"。"国"字最早见于商代，本义是指疆域、地域。古人把分封给诸候的封地称为"国"，有时也把都城称为"国"。后来，"国"泛指国家。"大"，本意是讲容量、体积、面积、数量、力量、年龄等方面超过一般或所比的对象，与"小"相对；引申之后，就是范围广、程度深。"国之大者"，顾名思义就是国家大事要务。

当前，党正团结带领全体中国人民迈进全面建设社会主义现代化国家新征程。在这一背景之下，习近平同志的多次论述，为国之大者赋予了鲜明时代特征和丰富内涵。"国"不仅指国家，还指中华民族、广大人民，以及忠实代表人民最根本利益的中国社会主义事业的领导核心——中国共产党。与之相应，"大"的内涵

也被延展开来，强调从大处、高处着眼，要明确的是思想认识、立场站位上的大是非，要关切的是党和国家、人民的大利益，要解决的是事关国家和民族前途命运的大问题，要落实的是影响整体、全局、长远的大部署。

国之大者不仅是概括的，也是具体的，是两者的有机结合。习近平同志在讲话中，不仅原则性地提出什么是国之大者、如何心怀国之大者，而且也讲到了国之大者的具体内容，甚至直接指明了什么是国之大者。如在广西考察时强调"让人民生活幸福是'国之大者'"，在青海考察时强调"保护好生态环境，是'国之大者'"，在中央人才工作会议上讲道，心怀"国之大者"就是胸怀祖国、服务人民，为国分忧、为国解难、为国尽责的优秀品质。这表明，国之大者绝不是抽象空洞的概念。延伸开来看，党中央所关心、强调的，党和国家最重要的利益、最需要坚定维护的立场，都是国之大者。比如，乡村振兴、"六稳"、"六保"、生态环境保护、京津冀协同发展战略、长江经济带区域协调发展战略等。从习近平同志重要讲话、中央重要部署、中央重要精神中可以看出：统筹推进常态化疫情防控和经济社会发展、巩固脱贫攻坚成果、加强生态环境保护、推动民族团结等，都是党中央关心的领域；推动高质量发展、推动改革开放取得新突破、坚决打赢乡村振兴战、黄河流域生态保护和高质量发展、坚持以人民为中心的发展思想、扎实推动民法典实施、加强党的领导和党的建设等，都是党中央强调的工作。这样，通过将国之大者与党和国家重大利益、新发展理念、人民生活幸福、保护生态环境等联系起来，实现了抽象性与具体性的有机统一。

甚至，国之大者还融入日常、基层的现实生活和工作职责之中，"致广大而尽精微"。在基层，如果不将国之大者融入日常工作，就容易落空和虚化。为防止国之大者泛化、虚化、简单化，要在理念思路上抓大放小，关口前移，增强对工作的主动性和预见性。站在政治高度把党中央的大政方针和重大决策部署领会深、领会透，善于从一般事务中发现国之大者，善于从倾向中、苗头性问题中发现政治端倪，善于从错综复杂的矛盾关系中把握政治逻辑，主动服务大局、把握大势、跟进大事，做到眼睛亮、见事早、行动快，谋划于问题未发之时，牢牢把握政治主动。要在方式手段上落实落细，在具体中深入，在深入中见效。把贯彻落实党中央重大决策部署和本部门本地方工作职责科学地、历史地、具体地结合起来，探索重大工作任务项目制化，实现日常重点事项清单化。要在主体对象上见人见事，紧盯一把手和关键少数。

炊事员的格局

有一则党史小故事充分体现了国之大者的细致入微。红军长征过草地时，炊事员每天早上起床后，不是问当天有没有米煮饭，而是问向南走还是向北走。"向南走还是向北走"，关乎的是行动方向问题。这说明一个意味深远的道理：在红军队伍里，哪怕是一名炊事员，也要胸怀大局、着眼大事。

心怀国之大者，关键在于多打大算盘、算大账，少打小算盘、算小账。树政绩要干出"硬核"政绩、长远政绩以及经得起历史、实践和人民群众检验的政绩，真正做到既为一域争光更为全局添彩，既为当前谋又创千秋业，既为己方谋又计天下利。"大算盘"指的是事关党和国家全局的利益；"小算盘"指的是自己负责区域的利益，甚至是自己的私利。各级党政领导干部无论居于何位、身负何责，都要准确把握"大与小"的辩证关系，要始终将国之大局、国之大要、国之大事、国之大计放在心中，不可图小利而忘大义。一些党员干部只顾一域小利，而对国家大利视而不见。一些党员干部只打自己"精明"的小算盘，将精力只放在自己所在的地区、领域、行业，甚至是个人私利上，而将国之大局、国之大要、国之大事、国之大计高高挂起，这本质上是缺少责任担当、心中无责的表现。

二、把握国之大者基本内容

习近平要求对"国之大者"心中有数，关注党中央在关心什么、强调什么，深刻领会什么是党和国家最重要的利益、什么是最需要坚定维护的立场；多打大算盘、算大账，少打小算盘、算小账。国之大者就是党和国家、人民的"大算盘""大账"，具体包括以坚持党的领导为核心的政治立场账、人民幸福关切账、国家事业发展账。其中，最需要坚定维护的立场，是在大是大非问题上立场坚定、绝不动摇，做政治上的明白人，这在任何时候都是原则性、根本性的大问题，其实质是以坚持党的领导为核心的一本政治立场大账。党和国家最重要的利益，是人民的利益，坚持人民至上，一心一意为人民谋利益、谋幸福，其实质是人民幸福关切的一本大账。党中央所关心、强调的事业，当然是大事业，是带有鲜明时代特征的时代诉求，其实质是国家和民族事业发展的一本大账。

（一）坚持党的领导为核心的政治立场账

国之大者是个旗帜鲜明讲政治的重大命题。旗帜鲜明讲政治是被历史和实践证明了的立党立国立身之本，也是马克思主义政党的鲜明特征和根本要求。马克思恩格斯虽然没有在其著作中系统论述讲政治这一命题，但讲政治的立场始终贯穿于思想和行动当中。列宁指出："一个阶级如果不从政治上正确地看问题，就不能维持它的统治。"① 从古今中外的历史来看，讲政治对于一个马克思主义政党来说，拥有广泛的理论基础和实践渊源，从来都不是什么新课题。心怀国之大者，坚持马克思主义政党的政治立场，是对马克思主义政党根本要求的高度遵循。

旗帜鲜明讲政治是我们党一以贯之的政治优势。我们党领导人民治国理政，最重要的就是坚持正确政治方向，始终保持党的政治本色，始终沿着中国特色社会主义道路前进。对国之大者心中有数，首要的是站稳政治立场、把准政治方向，在重大原则和大是大非问题上绝不能有任何含糊和动摇，这事关我们举什么旗、走什么路、坚持什么基本路线，事关我们党和国家生死存亡和前途命运。只有站在讲政治的高度，才能对党中央的大政方针和决策部署领会得更透彻，工作起来才能更有预见性和主动性。各级党政领导干部要对国之大者了然于胸，凡是有利于坚持党的领导和中国特色社会主义发展的就坚定不移地做，凡是不利于坚持党的领导和中国特色社会主义发展的就坚决不做，不搞态度暧昧。中国特色社会主义进入新时代，中华民族伟大复兴开启新征程，我们将面对许多重大挑战、重大风险、重大阻力、重大矛盾。任务越繁重，风险考验越严峻，就越要把讲政治的弦绷得紧一些、再紧一些，更要求党员干部大胆讲政治、善于讲政治。要增强政治意识、大局意识、核心意识、看齐意识，坚定道路自信、理论自信、制度自信、文化自信，坚决维护习近平总书记党中央的核心、全党的核心地位，坚决维护党中央权威和集中统一领导，确

---

① 《列宁选集》第 4 卷，人民出版社 1995 年版，第 408 页。

立习近平同志党中央的核心、全党的核心地位，确立习近平新时代中国特色社会主义思想的指导地位。这一立场，就是党的立场、人民的立场；这个方向，就是中国特色社会主义和共产主义的前进方向。没有坚定的政治立场和正确的政治方向，从政治上看问题就是一句空话。

算政治大账，核心是坚持党的全面领导，不断完善党的领导，不断提高党科学执政、民主执政、依法执政水平。办好中国的事情，关键在党，必须加强党对社会主义现代化建设的全面领导。坚持党的领导是党的百年历史宝贵经验，是历史和人民选择了中国共产党。中国共产党是矢志不渝为人民谋幸福、为民族谋复兴的政党，立党为公、执政为民从来不是为过硬而过硬，不是为强党而强党，而是为人民而过硬、而强党。中华民族近代以来180多年的历史、中国共产党成立以来100多年的历史、中华人民共和国成立以来70多年的历史都充分证明并将继续证明，没有中国共产党，就没有新中国，民族复兴必然是空想。我们能取得世所罕见的经济快速发展和社会长期稳定等举世瞩目的成就，根本原因在于我们党的坚强领导，在于我们党团结带领人民汇聚起创造历史、改变世界的磅礴力量。我们能够历经艰难困苦不断创造辉煌业绩，一个重要原因就在于一以贯之坚持旗帜鲜明讲政治，从而有效统一全党意志、凝聚全党力量。

"两个维护"是国之大者的集中体现。坚持党的领导，关键在坚持党的集中统一领导，这是我们最大的政治优势、组织优势、制度优势。只有如此，才能保证全党团结统一和行动一致，确保党的总揽全局、协调各方的领导核心作用。伟大的抗疫斗争证明，风雨来袭时，中国共产党是中国人民最可靠的主心骨。在国内外环境发生深刻复杂变化的情况下，要战胜前进道路上的各种艰难险阻，推动全面建设社会主义现代化国家开好局、起好步，必须坚持以习近平同志为核心的党中央集中统一领导，健全总揽全局、协调各方的党的领导制度体系，把"两个维护"体现在各项制度规定中，贯彻到党和国家工作的全过程各方面，落实到各级党组织和广大党员的行动上。这是党的生命，也是我们党能成为百年大党、创造世纪伟业的关键所在。我们开展党史学习教育的一个重点就是进一步增强党的团结和集中统一，确保全党步调一致向前进。

心怀国之大者蕴含着对党员干部坚决做到"两个维护"的必然要求。战争年代，党中央用电台指挥全党全军，"嘀嗒、嘀嗒"就是党中央的声音，全党全军都无条件执行。新冠肺炎疫情突如其来，各级党委和政府、广大党员干部坚决服从以习近平同志为核心的党中央统一指挥、统一协调、统一调度，坚持全国一盘棋，做到令行禁止，推动疫情防控取得重大战略成果。越是接近目标，越是形势复杂，越是任务艰巨，越要发挥中国共产党领导的政治优势和中国特色社会主义的制度优势，越要发挥党中央集中统一领导的定海神针作用。切实把增强"四个意识"、坚定"四个自信"、做到"两个维护"落到行动上，不能只停留在口号上。与增强"四个意识"、坚定"四个自信"、做到"两个维护"相背离的事情，必须坚决反对、坚决纠正。实践证明，只要全党团结成"一块坚硬的钢铁"，就能够把全国各族人民团结起来，形成万众一心、无坚不摧的磅礴力量，战胜一切强大敌人、一切艰难险阻。

党的纪律和规矩是国之大者，必须坚守。从政党的运行机制来看，每个政党都有明确的政治纲领，规定基本的政治主张和方针政策，并要求所有成员共同遵守与执行。即便是西方一些围绕选举组建而成的松散政党，党的中央组织也会对地方组织形成有效规约。一般来说，每个政党还会通过组织纪律对其成员施加相应的刚性约束，来确保其政治主张的实现。现代政党都是有政治纪律要求的，没有政治上的规矩不能成其为政党。如果没有严格的政治纪律来约束政党及其成员，长此以往，就会形成破窗效应，党的原则、纲领、制度就会沦为摆设。散漫的党组织定然无法在错综复杂的环境中生存下来，更不用说长期执政和使国家长治久安。心怀国之大者，筑牢党长期执政的坚实根基，是对现代政党建设一般要求的准确把握。那些无视党中央权威，在大是大非原则问题上态度暧昧，对党中央大政方针说三道四、胡言乱语，对党中央决策部署大打折扣、作选择、搞变通的现象严重削弱了党的集中统一领导，损害了党的形象。

坚持党的领导，就要不断完善党的领导，尤其要坚持自我革命、从严治党。这是党的政治建设的首要任务，必须常抓不懈。在革命时期，为争取民族独立、人民解放，我们党在斗争中坚持真理、修正错误，不断加强自身建设，努力建设"一个有纪律的、思想上纯洁的、组织上纯洁的党，合乎统一的标准的党"。党为人民而斗争、建设，人民才会衷心拥护党、支持党的事业，才会有最后一口粮做军粮、最后一块布做军装、最后一个儿子送战场的悲壮场景，才会出现百万民工支前的壮阔景象。在建设时期，为了巩固革命胜利成果、满足人民群众日益增长的物质文化需要，我们党在建设社会主义过程中，不断探索自身建设方式，努力建设"用马克思列宁主义武装起来的、最革命的、战斗的无产阶级政党"。在改革开放新时期，为了带领人民脱贫致富奔小康，在对外开放和发展市场经济条件下，我们党坚持党要管党和从严治党，围绕党的基本路线，努力建设"有战斗力的马克思主义政党"。党的十八大以来，中国进入由大变强的关键期，进入建设社会主义现代化强国新征程，强国必先强党，强党务必从严，全面从严治党已经成为新时代党"搞好自身建设"最鲜明的主题。只有通过全面从严治党，才能把党建设得更加坚强有力，为有效应对世界百年未有之大变局、进行具有许多新的历史特点的伟大斗争、推进中国特色社会主义伟大事业、实现中华民族伟大复兴中国梦提供强大政治领导力量。

牢记国之大者，要始终坚持中国特色社会主义道路。中国特色社会主义道路是我们党坚持马克思主义普遍原理同中国具体实践相结合的伟大创举。中国特色社会主义道路引领中国取得的辉煌成就表明，中国特色社会主义道路是一条既符合中国基本国情、符合人民意愿，又适应时代发展需要的唯一正确之路。中国特色社会主义道路，是实现我国社会主义现代化的必由之路，是创造人民美好生活的必由之路。只有中国特色社会主义道路才能引领我们实现国家富强、民族振兴、人民幸福的中华民族伟大复兴的中国梦。那些所谓中国搞的是"资本社会主义""国家资本主义""新官僚资本主义"的论调都是错误的，有的是要把我们拉回老路，有的是要把我们引向邪路，本质上都是要否定中国特色社会主义、动摇我们根基的别有用心的论调。各级党政领导干部要做到对国之大者心中有数，就要始终坚定道路自信，保持头脑清醒，保持强大前进定力，既不走封闭僵化的老路，也不走改旗易帜的邪路，不为任何风险所惧，不为任何干扰所惑，毫不动摇沿着这条通往复兴梦想的人间正道奋勇前进。

遵义会议与党的统一领导

在党的历史上，遵义会议是一次具有伟大转折意义的重要会议。这次会议在红军第五次反"围剿"失败和长征初期严重受挫的历史关头召开，确立了毛泽东同志在党中央和红军的领导地位，开始确立了以毛泽东同志为主要代表的马克思主义正确路线在党中央的领导地位，开始形成以毛泽东同志为核心的党的第一代中央领导集体，开启了我们党独立自主解决中国革命实际问题的新阶段，在最危急关头挽救了党、挽救了红军、挽救了中国革命。但是，遵义会议后，全党真正深刻认识到维护党中央权威和集中统一领导的重大意义并成为自觉行动还经历了一个曲折的过程。长征途中，在我们党最需要团结的时候，张国焘挟兵自重、另立中央，公然走上分裂党和红军的道路。抗战初期，王明在党内拉帮结派、我行我素，不听党中央指挥，再次从反面教育了全党。延安时期，为了解决党内存在的思想分歧、宗派主义等问题，我们党开展了大规模的整风运动，使全党达到了空前的团结和统一，为夺取抗战胜利和全国解放奠定了强大思想政治基础。

（二）人民幸福关切账

习近平曾在考察中深情地说，让人民生活幸福是"国之大者"。这一重要论断，充分体现了国之大者的价值取向。心怀"国之大者"，要始终牢记中国共产党人的初心使命是什么，搞清楚为了谁、依靠谁，从哪里出发、到哪里去的问题。

国之大者的最终归宿在于人民群众的幸福生活和利益关切。马克思恩格斯在《共产党宣言》中指出，"无产阶级的运动是绝大多数人的，为绝大多数人谋利益的独立的运动"①。中国共产党作为马克思主义政党，是一个具有人民属性、人民基因、人民本色的政党，自成立起就把"人民"二字铭刻在心，在任何时候都把

---

① 《马克思恩格斯选集》第1卷，人民出版社2012年版，第411页。

群众利益放在第一位,把坚持人民利益高于一切鲜明地写在自己的旗帜上,并一以贯之地体现在党的全部奋斗进程中。为人民而生,因人民而兴,始终同人民在一起,为人民利益而奋斗,是立党兴党强党的根本出发点和落脚点。这是中国共产党一路走来的历史实践,也是走向未来的不变承诺。中国特色社会主义新时代,人民对美好生活的向往,就是我们的奋斗目标,是我们的国之大者。心怀国之大者,就要始终坚守最广大人民的根本利益,坚持人民至上的基本立场,践行全心全意为人民服务的根本宗旨。

国之大者在为民。坚持利为民所谋,是马克思主义政党坚守的利益观。政党是人民创造的,也是为人民服务的。与其他选举型政党不同,中国共产党自成立起就没有自身的特殊利益,其利益始终与广大人民群众保持一致、高度重合。人民也从来不是抽象的,人民是我们党一切工作的最高裁决者和最终评判者,人民利益是衡量一切工作的根本标尺。将为人民谋利益作为党的一切活动成效的最终评判准则,将为人民造福视为最重要政绩,自觉接受人民群众的监督,才能真正做到"利为民所谋"。各级党政领导干部要做到对国之大者心中有数,就要始终心中装着人民,将人民的利益放在最高位置,始终同人民群众同呼吸、共命运、心连心,切实解决好人民群众最关心、最急切的利益问题,真正做到权为民所用、情为民所系、利为民所谋。忘记了人民,脱离了人民,我们党就会成为无源之水、无本之木,就会一事无成。比如,在改革问题上,习近平同志反复强调改革开放是有方向、有立场、有原则的。改革是为了人民幸福关切,而不是为了迎合某些人的"掌声"。问题的实质是改什么、不改什么,有些不能改的,再过多长时间也是不改。

"国之大者在为民"呈现为党和国家具体的大政方针。"治国有常，而利民为本。"在推进中华民族伟大复兴进程中，统筹推进"五位一体"总体布局是国之大者，归根结底是为满足人民利益而创造物质基础、政治保障、精神动力、社会氛围和生态条件。协调推进"四个全面"战略布局是国之大者，归根结底是为实现人民利益奠定经济社会发展基础，为实现人民利益破除体制机制弊端，为实现人民利益强化法治保障，为实现人民利益提供坚强政治领导力量。打好防范化解重大风险、精准脱贫、污染防治三大攻坚战是国之大者，归根结底是为实现人民利益提供安全保障、兜底支撑和生态优美产品。统筹推进疫情防控与经济社会发展是国之大者，是对人民至上、生命至上根本原则的真正践行。"经国序民，正其制度。"坚持和完善中国特色社会主义制度、推进国家治理体系和治理能力现代化，把制度优势更好转化为国家治理效能，是国之大者，是为人民各项权益提供可靠稳定的保障，为实现强国梦、民族复兴梦提供有力保证。①

"国之大者在为民"也呈现为群众能切实感受到的民生之本。主动适应人民群众新需要，坚持把增进民生福祉作为最重要的政绩、最根本的职责、最基本的规范，保民安、纾民怨、解民忧、促民享。聚焦主责主业，立足本职岗位，扎实开展"我为群众办实事"实践活动，真正解决群众急难愁盼问题和民生大事要事难事。人民幸福关切是具体的，尤其注重解决百姓在身边能切身感受到的国之大者。国之大者体现在一个个具体的家庭与个体中，蕴含于一项项现实而细微的需求里。随着"有没有"的温饱问题基本解决，"好不好"的发展问题更加凸显。面对人民群众对美好生活的向往，广大党员干部要坚持以人民为中心的发展思想，想群众

---

① 参见郝永平、孙林：《国之大者在为民》，《北京日报》2020年7月20日。

之所想、急群众之所急，着力解决发展不平衡不充分问题和人民群众急难愁盼问题，始终把人民的安居乐业、安危冷暖放在心上。要完善解决民生问题的长效机制，探索健全基本公共服务体系、社会治理体系的有效路径，全面做好就业、收入分配、教育、社会保障、医药卫生、住房、养老、扶幼、生态环境保护、食品安全、安全生产、社会治安、住房市场调控等各方面工作。聚焦发展不平衡不充分问题，自觉主动解决地区差距、城乡差距、收入差距、行业差距等问题，更加注重向农村、基层、欠发达地区倾斜，向困难群众倾斜，促进社会公平正义，让发展成果更多更公平惠及全体人民，推动全体人民共同富裕取得更为明显的实质性进展。

脱贫攻坚就是把人民群众幸福关切视为国之大者的典型。党的十八大以来，以习近平同志为核心的党中央把以人民为中心的发展思想放到治国理政的重要位置，始终扭住人民对美好生活的向往这个奋斗目标，组织实施了人类历史上规模空前、力度最大、惠及人口最多的脱贫攻坚战，取得了脱贫攻坚战的全面胜利，全面建成小康社会；同时，下大气力解决人民群众切身利益问题，努力让人民群众的获得感成色更足、幸福感更可持续、安全感更有保障。

生态文明建设是把人民群众幸福关切视为国之大者的另一典型。生态文明建设是关系中华民族永续发展的根本大计，习近平同志强调其极端重要性，将其提升到国之大者，就是要以大局观、长远观、整体观，对生态环境保护作出战略部署和要求。党的十八大以来，党中央先后就三江源生态环境保护、长江流域共抓大保护不搞大开发、黄河流域生态保护和高质量发展等作出部署，并严肃查处秦岭、祁连山、洞庭湖、千岛湖、腾格里沙漠等严重损害生态环境的事件。抓这些事，都是着眼于对历史负责、对民族负责，都是全局之计、长远之计，都是国之大者。

国之大者体现了民心是最大的政治。江山就是人民，人民就是江山，打江山、守江山，守的是人民的心。人心向背关系党的生死存亡。得民心者得天下，得到了人心就能无惧前行路上的任何困难风险。失民心者失天下，人心没了就什么都没了，人心散了就什么都办不好。中国共产党的根基在人民、血脉在人民、力量在人民，守好初心、守好民心始终关系党的生命和生机。民心所望与施政所向精准契合，"国之大者"与"民心所系"高度联结，充分彰显了中国共产党一脉相承的人民立场、一如既往的赤子情怀、一以贯之的价值追求。革命战争年代，颤颤巍巍的老母亲为什么心甘情愿把最后一个儿子送到战场？红嫂为什么让自己的孩子喝米汤却用乳汁哺育红军伤员？淮海战役为什么能有 220 万群众推着小推车不顾危险支援前线？因为中国共产党始终代表最广大人民的根本利益，始终与人民同甘共苦、休戚与共、生死相依，从而赢得了民心。我们党团结带领人民进行革命、建设、改革，根本目的就是让人民过上好日子，无论面临多大挑战和压力，无论付出多大牺牲和代价，这一点都始终不渝。守住民心才能守住国业，才能为中华民族伟大复兴注入源源动力。

心怀国之大者必须加强同人民群众的血肉联系。这是马克思主义政党坚守的群众观，体现了我们党对群众路线这条生命线的牢牢把握。为了谁、依靠谁的问题，是检验一个政党、一个政权的"试金石"。人民群众是社会历史的创造者，是国家前途命运的决定因素，是我们党的胜利之本、力量之源。只有在任何时候都把群众利益放在第一位，我们才能得到最广大人民的衷心拥护和坚定支持。中国共产党始终坚持一切为了群众、一切依靠群众，

从群众中来、到群众中去，这是我们党永葆青春活力和战斗力的重要传家宝。毛泽东指出："全心全意地为人民服务，一刻也不脱离群众；一切从人民的利益出发，而不是从个人或小集团的利益出发；向人民负责和向党的领导机关负责的一致性；这些就是我们的出发点。"①

群众路线强调的是对人民群众的感情问题。对待人民群众的态度，是对党的性质、宗旨和历史任务的检验，同样是对党员干部世界观、人生观和价值观的检验。党的十九大报告指出，要"增强群众观念和群众感情，不断厚植党执政的群众基础"②。保持和人民群众的血肉联系，时时事事问计于民，是被实践所证明的我们党走出历史周期率、牢牢掌握执政地位、始终是中国特色社会主义事业坚强领导核心的关键所在。倘若不能做到情为民所系，手中的权就难以真正为民所用，利为民所谋更是无从谈起，甚至会站到人民的对立面。

"为人民谋幸福"③

2021年春天，广西桂林毛竹山村。习近平总书记来到村民王德利家做客。

"总书记，您平时这么忙，还来看我们，真的感谢您。"

"我忙就是忙这些事，'国之大者'就是人民的幸福生活。"

一段对话，"人民"二字重千钧。

一篇回忆文章中，习近平同志写道："无论我走到哪里，永远

---

① 《论联合政府》（1945年4月24日），载《毛泽东选集》第3卷，人民出版社1991年版，第1094—1095页。
② 《习近平谈治国理政》第3卷，外文出版社2020年版，第51页。
③ 摘编自杜尚泽、邝西曦、林小溪：《总书记心中的"国之大者"》，《人民日报》2021年11月9日。

是黄土地的儿子。"他这样描述那段艰苦却受益终生的岁月："作为一个人民公仆，陕北高原是我的根，因为这里培养出了我不变的信念：要为人民做实事！"

早年间，习近平同志就下定了决心，"像爱自己的父母那样爱老百姓，为老百姓谋利益，带老百姓奔好日子"。他说："我愿意在任何地方为党和人民的事业贡献自己的一切。"

履新伊始，习近平总书记的话掷地有声："人民对美好生活的向往，就是我们的奋斗目标。"天寒地冻的太行山深处，总书记顶风冒雪看真贫；素有"瘠苦甲于天下"之称的甘肃中部，绕过九曲十八弯进农家，还舀起一瓢水品尝；春寒料峭的巴蜀大地，不顾山高路远深入大凉山腹地……行程万里，人民至上。

到地方考察，习近平总书记总要到农村、城市社区，看看人民群众生活得怎么样，有什么好的经验可以交流推广，有什么操心事、烦心事需要解决。

在习近平同志所著的《之江新语》中，有一段文字谈及"转变作风"，寥寥数语点出要害："我们要始终牢记，心系群众鱼得水，背离群众树断根。"

党的十八大以来，同"八项规定"同时掷地有声的，还有雷霆万钧的反腐行动。孰轻孰重，人民的分量举足轻重。习近平总书记说："不得罪腐败分子，就必然会辜负党、得罪人民。是怕得罪成百上千的腐败分子，还是怕得罪十三亿人民？不得罪成百上千的腐败分子，就要得罪十三亿人民。这是一笔再明白不过的政治账、人心向背的账！"

2015年10月，在党的十八届五中全会上，明确提出了坚持以人民为中心的发展思想。

2020年10月，在党的十九届五中全会上，强调要努力促进

"全体人民共同富裕取得更为明显的实质性进展"。

2021年7月,北京天安门。庆祝中国共产党成立100周年大会上的重要讲话,也是中国共产党人的庄严宣示。讲话中,"人民"二字出现了86次。

"时代是出卷人,我们是答卷人,人民是阅卷人。"

一路走来,习近平总书记目光的落点,始终在人民。

从人民中来,到人民中去。民者,国之根也,国之大也。

"人民就是江山,共产党打江山、守江山,守的是人民的心,为的是让人民过上好日子。"

(三)国家事业发展账

时代是出卷人。国之大者是在实践中不断发展、与时俱进的,具有鲜明的时代特征。国之大者的具体内涵随着时间、地点和条件的变化而不断变化,"国"不同,"大者"也不同;同一个国家在不同时期、不同领域的"大者"也不同。每个阶段都面临不同的社会环境,也会出现新的问题,自然会形成特定的国之大者。我们不能被一时一事所囿,而应具备发展思维,及时从全局和发展等多视角来认识和把握每个新阶段的国之大者。

我国源远流长的古代历史,每个时期的国之大者都不尽相同。只有在整个人类发展的历史长河中,才能透视出历史运动的本质和时代发展的方向。不同含义的国之大者,蕴含着不同时期执政的深层逻辑和价值取舍。比如根据《左传》的记载,古代曾强调祭祀和军事的重要性,"国之大事,在祀与戎"。晋代尚书郎挚虞撰写的《典校五礼表》中有"隆礼以率教,邦国之大务也",强调用礼仪教化民众是治理国家最重要的事务。只有用大历史观思考面向未来的国之大者,才能理解何以称为"国",何以成其"大"。

回顾百年党史，国之大者在不同历史时期有不同的核心内涵。党中央围绕应对世情、国情、党情而提出的思想主张、确立的重大战略、完善的重大制度、推进的重大工作，都是国之大者。在社会主义革命和建设时期，中华民族最根本的国之大者是消灭在中国延续几千年的封建剥削压迫制度，确立社会主义基本制度，推进建设一个社会主义新世界。在改革开放和社会主义现代化建设时期，中华民族最根本的国之大者是启动并推进改革开放，开创和发展中国特色社会主义，实现人民生活从温饱不足到总体小康再奔向全面小康的历史性跨越。党的十八大以来，以习近平同志为核心的党中央胸怀中华民族伟大复兴的战略全局，面对世界百年未有之大变局，高瞻远瞩、运筹帷幄，对国之大者进行了一系列部署和谋划。

在中国特色社会主义新时代，国家民族最根本的国之大者是统揽伟大斗争、伟大工程、伟大事业、伟大梦想，统筹推进"五位一体"总体布局，协调推进"四个全面"战略布局；实现全面建成小康社会目标，开启全面建设社会主义现代化强国新征程，为实现中华民族伟大复兴中国梦而不懈奋斗；针对错综复杂的国际环境和艰巨繁重的国内改革发展稳定任务，提出打好"三大攻坚战"；着眼于中国之治的制度保障，提出坚持和完善中国特色社会主义制度，推进国家治理体系和治理能力现代化；等等。其中，实现中华民族伟大复兴是中国共产党百年奋斗的主题，也是中华民族和中国人民百年奋斗历程中最核心、最突出的国之大者。①

新时代新征程，践行国之大者被赋予了新的内涵。要扭住战

---

① 参见吴海红：《心中有党 心中有民 心中有责 心中有戒》，《解放日报》2020年6月16日。

略支撑，持续深化科技体制改革，创新科技成果转化机制，完善关键核心技术攻关的新型举国体制，努力实现高水平科技自立自强。把准战略方向，围绕深化供给侧结构性改革这个主线，切实转变发展方式，推动质量变革、效率变革、动力变革。补齐战略短板，着力打造节能减排降耗、产业项目接续、营商环境优化等拐点，着力破解财政金融风险高企、资源环境约束趋紧、产业结构倚能倚重、发展路径依赖严重等瓶颈，在解决关键问题上实现新突破，在夯实既有优势中塑造新优势。突出战略重点，围绕增强创新能力、推动平衡发展、改善生态环境、提高开放水平、促进共享发展等重点领域和关键环节，更加精准地出台改革方案，更加全面地完善制度体系。

在新征程上，我们要把党中央关于贯彻新发展理念的要求落实到工作中去，不断提高把握新发展阶段、贯彻新发展理念、构建新发展格局的政治能力、战略眼光、专业水平，推动高质量发展。立足战略基点，立足扩大内需，推动形成以国内大循环为主体、国内国际双循环相互促进的新发展格局。新发展阶段是社会主义初级阶段中的一个阶段，同时是其中经过几十年积累、站到了新的起点上的一个阶段。新发展阶段是我们党带领人民迎来中华民族从站起来、富起来到强起来历史性跨越的新阶段。经过新中国成立以来特别是改革开放40多年的不懈奋斗，我们已经拥有开启新征程、实现新的更高目标的雄厚物质基础。同时，我国发展不平衡不充分问题仍然突出，重点领域关键环节改革任务仍然艰巨。从国际上看，新一轮科技革命和产业变革深入发展，国际力量对比深刻调整，和平与发展仍然是时代主题，人类命运共同体理念深入人心。同时，国际环境日趋复杂，不稳定性不确定性明显增加，新冠肺炎疫情影响广泛深远，经济全球化遭遇逆流，世界进入动荡变革期，单边主义、保护主义、霸权主义对世界和平与发展构成威胁。新发展理念是我国发展思路、发展方向、发展着力点的集中体现，为把握新发展阶段、构建新发展格局提供了行动指南。开启全面建设社会主义现代化国家新征程，必须完整、准确、全面理解和贯彻新发展理念，把新发展理念贯穿发展全过程和各领域，充分发挥新发展理念的科学引领作用。我们要加快构建以国内大循环为主体、国内国际双循环相互促进的新发展格局。这是立足中国自身发展阶段和发展条件，充分考虑经济全球化和外部环境变化所作出的战略抉择。只有立足自身，把国内大循环畅通起来，才能任由国际风云变幻，始终充满朝气生存和发展下去。构建新发展格局最本质的特征是实现高水平的自立自强。要在各种可以预见和难以预见的狂风暴雨、惊涛骇浪中，增强我们的生存力、竞争力、发展力、持续力。坚持深化供给侧结构性改革这条主线，继续完成"三去一降一补"的重要任务，全面优化升级产业结构，提升创新能力、竞争力和综合实力，增强供给体系的韧性，形成更高效率和更高质量的投入产出关系，实现经济在高水平上的动态平衡。在新发展格局下，中国开放的大门将进一步敞开，同世界各国共享发展机遇，同世界各国实现互利共赢，为推动世界共同发展贡献力量。

三、心怀国之大者基本要求

如果说国之大者就是党和国家、人民的"大算盘""大账"；那么，心怀国之大，就是为党和国家、人民"打大算盘""算大账"。只有对国之大者心中有数，立党才有根基，国家才有前景，人民才能幸福。明确国之大者基本内涵，是抓住国之大者的关键线索；把握国之大者主要内容，是进一步明确国之大者的立场、方向、目标；而提出心怀国之大者基本要求，则有助于我们将国之大者落到实处。关于如何更好做到心怀国之大者，可以从很多角度提出要求，这里我们主要从3个方面进行阐释。

（一）心怀国之大者要有过硬的政治能力

习近平同志在讲话中反复强调，领导干部特别是高级干部要心怀"国之大者"，必须不断提高政治判断力、政治领悟力、政治执行力。在2020年底中央政治局民主生活会上，习近平同志提出不断提高政治领悟力，对"国之大者"了然于胸，明确自己的职责定位；在2021年省部级主要领导干部学习贯彻党的十九届五中全会精神专题研讨班开班式上，他强调各级领导干部特别是高级干部必须心怀"国之大者"，不断提高政治判断力、政治领悟力、政治执行力；在主持第十九届中共中央政治局第二十七次集体学习时，他强调各级领导干部特别是高级干部要不断提高政治判断力、政治领悟力、政治执行力，对"国之大者"了然于胸；在2021年中央民族工作会议上，他强调不断提高政治判断力、政治领悟力、政治执行力，牢记"国之大者"，认真履行主体责任。《中共中央关于党的百年奋斗重大成就和历史经验的决议》也强调，"党中央要求党的领导干部提高政治判断力、政治领悟力、政治执行力，胸怀'国之大者'，对党忠诚、听党指挥、为党尽责"。关于如何提升政治能力，本书第三章将作进一步阐释。

（二）心怀国之大者要高站位

"先谋于局、后谋于略，略从局出。"领导干部要胸怀两个大局，一个是中华民族伟大复兴的战略全局，一个是世界百年未有之大变局，这是我们谋划工作的基本出发点。当前和今后一个时期，中国的发展依然处于重要战略机遇期，机遇和挑战之大都前所未有，只有全党上下对国之大者了然于胸、心中有数，方能在行动上同频共振，引领全国各族人民凝成巨大发展合力。

心怀国之大者，必须时刻对百年未有之大变局保持清醒头脑。世界多极化推动国际力量格局变化，国际力量对比深刻调整，"东升西降"成为大变局发展的主要方向。经济全球化推动全球治理体系加快变革，保护主义、单边主义等因素冲击国际产业链供应链稳定。新一轮科技革命和产业变革加速全球创新版图重构和全球经济结构重塑，新冠肺炎疫情全球大流行更是加剧世界大变局向纵深演变，不稳定性、不确定性显著增加。世界进入动荡变革期是大变局的基本特征，错综复杂的发展环境带来新矛盾、新挑战。我国面临前所未有的风险和挑战，既有国内的，也有国际的；既有政治、经济、文化、社会领域的，也有来自自然界的；既有传统的，也有非传统的，"黑天鹅""灰犀牛"还会不期而至。面对"危"与"机"并存、"变"与"新"交织、"时"与"势"相应的局面，我们必须在危机中育先机、于变局中开新局，就要用全面、辩证、长远的眼光看待国内外形势变化，认清规律、识变应变，实现变中求进、变中突破、变中取胜。

心怀国之大者，必须始终坚守实现中华民族伟大复兴战略全局的总目标。建设社会主义现代化强国，实现中华民族伟大复兴，是中华民族的最高利益和根本利益。中国是世界文明古国，历史上数度出现强国盛世。近代以来，失去强大国家护佑的中国人民，遭受了无尽的屈辱和苦难。从那时起，实现国家富强、民族复兴成为几代中国人梦寐以求的目标。为了实现这个梦想，无数仁人志士不惜抛头颅、洒热血，几代人上下求索，进行了艰苦卓绝的斗争。我们党的一百年，是矢志践行初心使命的一百年，是筚路蓝缕奠基立业的一百年，是创造辉煌开辟未来的一百年。纵观党的百年奋斗史，我们党团结带领中国人民进行的一切奋斗、一切牺牲、一切创造，归结起来就是一个主题：实现中华民族伟大复兴。在新的历史起点上，我国正处于实现中华民族伟大复兴的关键时期。只有实现中华民族伟大复兴，才能建成富强民主文明和谐美丽的现代化强国，中国的综合国力、国际地位、对世界文明和发展的贡献水平才能大大提升，人民才能拥有更广泛、更充分的民主权利，人民美好生活需要才能得到更充分满足，人民安全感、幸福感、获得感才能更加充实、更有保障。党的十八大以来，以习近平同志为核心的党中央提出实现中华民族伟大复兴中国梦目标，团结带领人民在中国特色社会主义道路上勠力奋斗、砥砺前行，前所未有地接近实现这一梦想，前所未有地更有信心和能力实现这一梦想。

　　心怀国之大者，要立足两个大局，把握时势大势。大势体现在历史方位之新。中国特色社会主义进入新时代，我国社会主要矛盾发生新变化，党的理论创新实现新飞跃，党和国家事业确立了新目标，中国和世界的关系开创出新局面，中国共产党展现出新面貌，中华民族迎来了从站起来、富起来到强起来的伟大飞跃，实现中华民族伟大复兴进入了不可逆转的历史进程。大势体现在世界格局之变，当今世界正经历百年未有之大变局，国际格局和国际体系正在发生深刻调整，全球治理体系正在发生深刻变革，国际力量对比正在发生近代以来最具革命性的变化，世界范围出现影响人类历史进程和趋势的重大态势。大势体现在我国发展之利，和平与发展仍是当今时代主题，经济全球化不可逆转，新一轮科技革命和产业变革正在重构全球创新版图、重塑全球经济结构，我国发展仍处于大有可为的重要战略机遇期，具有更为完善的制度保证、更为坚实的物质基础、更为主动的精神力量。大势体现在风险挑战之多，我们党正带领人民进行具有许多新的历史特点的伟大斗争。

心怀国之大者，要立足当前，放眼长远。国之大者关乎长远，站在"两个一百年"历史交汇点上，看见多远的过去，才可能预见多远的未来。事物普遍联系和永恒发展的观点，要求我们要用发展的眼光、从长远的角度认识问题和分析问题，把握事物在一定时间内的发展趋势，顺势而为，实现长久的发展进步。西方国家的一些执政党也曾力图谋划国家的长久发展，但囿于利益博弈、政党轮替等困境，他们往往只考虑眼前一两年，最多不超过五年，只顾眼前利益而不顾长久利益，这也是"西方之乱"的一个重要影响因素。中国共产党则善于从历史、现实、未来贯通中把握历史规律和发展趋势。习近平同志联系中华民族 5000 多年的文明史来思考中华民族的历史命运，联系世界社会主义 500 多年的发展史来认识社会主义的前进方向，联系中国近代 180 多年的奋斗史来理解中华民族伟大复兴的道路，联系中国共产党革命、建设、改革的百年历史来思考新的历史方位和历史命运问题，这也是我们能实现"中国之治"的一个重要因素。各级党政领导干部要做到对国之大者了然于胸，就要增强工作的预见性，培养战略思维能力，立足当前放眼长远，避免保守和僵化。

心怀国之大者，要树立"全国一盘棋"的思路。整体和部分的辩证关系原理要求我们深入事物发展的整体和全局，用整体的发展推动部分的发展。登高才能望远，从整体上看清形势、从大局中把握问题，才能掌握战略制高点和主动权。中国共产党善于从全局出发来系统谋划党和国家的各项事业，习近平同志多次强

大格局

调：各级领导干部谋划工作的基本出发点是要胸怀"两个大局"，统筹推进"五位一体"总体布局，协调推进"四个全面"战略布局。正是靠着这种整体出发把全局、谋大势的思维方式，我们党在治国理政的许多方面既把握住了解决问题的"牛鼻子"，又占据了道义制高点。国之大者是站在全国高度上讲的，是对全局有利的事情。各级党政领导干部要做到对国之大者了然于胸，就要树立大局意识，把自己所在的地区、领域、行业放到全国甚至世界范围内统筹考虑，不能只顾自身的利益和局部利益而不顾全国利益和全局利益。

　　心怀国之大者，立足两个大局，有助于我们抓住机遇、迎接挑战。百年未有之大变局中机遇与挑战并存，而把握国之大者正是抓住机遇、应对挑战的金钥匙，是我们获得识变之智、应变之方、求变之勇的重要途径。一方面，变局中有危机。肆虐全球的新冠肺炎疫情与国际政治格局变迁、世界治理规则变革叠加影响，加剧全球化退潮和国家间信任危机。单边主义、孤立主义和贸易保护主义抬头，地缘政治冲突、军备竞赛等传统安全与疫情防控、难民危机、气候变化等非传统安全威胁相互交织，人类发展正面临历史性抉择的考验。另一方面，变局中有新机，市场国家和发展中国家快速发展，世界力量格局发生深刻变化，多极化趋势加速发展。以信息技术为代表的新一轮科技革命和产业转型升级催生大量新业态、新模式，给世界发展注入新血液、新动能。面对大变局带来的不稳定性、不确定性，以习近平同志为核心的党中央观大势、谋大局、抓大事，明确和平与发展仍然是时代主题，我国发展仍处于重要战略机遇期。要保持战略定力，坚持走和平发展道路，坚持改革开放，努力在危机中育新机，于变局中开新局，做好自己的事，不断发展壮大自己。

心怀国之大者，立足两个大局，有助于我们保持战略定力。"知之愈明，则行之愈笃。"对两个大局的国之大者认识越清晰，就越能够保持战略定力，集中精力，把自己的事情办好。不同国家在各个发展阶段会面临不同的机遇和挑战，如果不能正确认识与对待，就可能迷失方向，甚至国将不国。在实现中华民族伟大复兴的征途上，时刻聚焦国之大者，才不会被纷繁复杂的表象蒙蔽，而是能透过现象扣住本质、找到规律；不会在飞速前进的道路上迷失，而是能牢记初心使命、永葆党员本色；不会因一时一处的成败得失自乱阵脚，而是能冷静研判趋势、顺应趋势，把准方向、保持定力。改革开放以来，我们能够创造经济快速发展和社会长期稳定"两大奇迹"，一个重要原因就是始终保持战略定力，不为任何风险所惧、不被任何干扰所惑，坚定不移走好自己的路。时与势在我们一边，这是我们的定力和底气所在，也是我们的决心和信心所在。改革开放为我国积累了丰厚的物质基础，但是我国的国际竞争力还不够高，是世界上最大的发展中国家的基本国情没有发生改变。新冠肺炎疫情的全球大流行使世界范围内不稳定、不确定的因素叠加，中国发展所面临的风险挑战之多之大前所未有。无论是新时代中国特色社会主义事业发展，还是同其他国家一道构建人类命运共同体，都需要中国共产党胸怀两个大局，准确把握国之大者的核心要义，增强政治定力与责任大担当。只有大者才能在更广阔的时空视域中看问题、想问题，才能更好地在危机中育先机，于变局中开新局。心怀国之大者，立足时代之基回答时代之问，是对国内外环境深刻复杂变化的有效回应。

（三）心怀国之大者要具备辩证思维

心怀国之大者，必须具备辩证思维。辩证思维是中国共产党人的世界观和方法论。这就要求我们对国之大者心中有数,在实践中遵循辩证思维,并将其视为看待、处理一切问题的原则方法。如果日常工作不突出国之大者,就会陷入琐碎、落底站位。同时,绝大多数党员干部日常面对的工作都是具体的、眼前的、综合的。心怀国之大者,绝非教条僵化地贯彻中央和上级精神,不能好高骛远、满口空话。否则,不仅不能发挥政治优势,还可能影响履职尽责,甚至误入歧途。

要把握好重点与全面的关系。要善抓重点,优先解决主要矛盾。辩证唯物主义认为,矛盾在事物发展的过程中服从不平衡性的规律,主要矛盾居于支配地位,起着主导性的作用。这就要求我们在分析问题和解决问题时,要能够分清主流和支流,善于发现和分析主要矛盾,做到两点论和重点论的统一,在用"两点论"的方法分析和解决问题的同时,还必须学会用"重点论"的方法来认识和把握国之大者。把国之大者置于重中之重的位置来认识和对待,绝不能因小失大,更不能捡了芝麻而丢了西瓜。中国共产党就是善于抓大事、优先解决主要矛盾的政党。我们党在各个历史时期都有对社会主要矛盾的科学分析和准确把握,围绕社会主要矛盾,我们认识当下、规划未来、制定政策、推进事业。当前,我们党的一系列重大战略举措、方针政策,归根结底是要解决新时代人民日益增长的美好生活需要和不平衡不充分的发展之间的矛盾。国之大者就是重点的事情、主要的矛盾、优先要解决的问题。各级党政领导干部要做到对国之大者了然于胸,就要培养善抓重点的能力,将主要精力投入到重点问题的解决上,通过重点问题的突破带动整体的进步。

要把握国家大局与群众利益无小事的关系。国之大者的"大"和日常生活的"小"并不矛盾,做事可以小而专、小而精,但思维格局可以宽广、高远、大气。大事作于细、大功成于小、细节定成败、小事管大局。对国之大者了然于胸，既要能够抓大放小、得大制小、以大兼小，又要善于由小见大、以小搏大、积小成大。要懂得"群众利益无小事"，民心是最大的政治、百姓利益大于天，必须把民生问题当作头等大事办实办好。习近平同志强调让人民生活幸福是国之大者，每到一处考察，总牵挂着民生小事：用的是自来水吗？污水怎么处理？做饭用电，电费贵不贵？武汉人喜欢吃活鱼，在条件允许的情况应多组织供应……

要统筹兼顾整体与局部的关系。不谋全局者，不足谋一域。党员干部在实际工作中着眼整体，要坚持大历史观、立足大局来思考谋划各项工作，以更高的战略、更宽的视野来服务党和国家的各项事业。落到局部，要坚持从实际出发，着眼具体问题，将总体布局和战略布局落到细处、干在实处。既要整体推进，又要重点突破。为此，党员干部想问题、作决策、办事情，要胸怀大局、把握大势、着眼大事。在两个大局相互激荡的历史节点上，新挑战新问题新矛盾更为复杂，不断增强统筹整体与局部关系的能力，真正做到对国之大者了然于胸，意义重大，影响深远。

要处理好眼前利益与长远利益的关系。要拓宽时间坐标，既要立足当前急务要务，又要放眼长远。欲得大观，择立高处。对国之大者了然于胸，必须登高望远、高瞻远瞩才能正大高明、气高志大。党员干部要立足促进高质量发展谋大谋远，实现更高质量、更有效率、更加公平、更可持续、更为安全的发展；立足服务高品质生活谋大谋远，更好满足发展型、个性化、优质性、多层次的民生需求，促进全体人民共同富裕取得更为明显的实质性进展；立足实现高效能治理谋大谋远，打好创新、放权、赋能、减负、提质、增效、联动"组合拳"，打造共建共治共享的社会治理格局；立足深化高能级改革谋大谋远，打造牵引性强、集成度高、影响力大的改革新亮点，推动改革从量的积累、点的突破迈向质的飞跃、总的提升；立足扩大高水平开放谋大谋远，积极参与全球经济治理体系改革，实施更大范围、更宽领域、更深层次对外开放；立足建设高素质队伍谋大谋远，全面贯彻新时代党的组织路线，打造忠诚干净担当的干部队伍。因此，统筹兼顾长远和当前的关系，在科学谋划的基础上抓好落实，应该成为共产党人的世界观和方法论。习近平同志也告诫青年干部，"不能只热衷于做'质变'的突破工作，而要注重做'量变'的积累工作"①，在抓当前和谋长远上实现高度统一。心怀国之大者，就要以"功成不必在我"的精神境界和"功成必定有我"的历史担当，来调试好工作中长远与当前的关系、短时利益和长远利益之间的关系。

要统筹兼顾好重点与非重点的关系。面对复杂形势和繁重任务，要对各种问题都做到心中有数。所有工作不可能齐头并进，因而要摆正问题的解决次序，在科学分析的基础上优先解决重点问题。解决重要领域中的重点问题就是国之大者，是党和国家的主责主业。不同于重点领域，非重点领域在事物发展中并不具备完全的支配地位，但其中存在的问题也会掣肘重点领域当中问题的解决，进而影响整体问题的解决。对国之大者心中有数，并非只关注"大者"，放弃"小者"，而是要弄清主要矛盾和矛盾的主要方面，以便于解决改革发展中的全局性、根本性、长期性的问题。

要把握好两个大局之间的辩证关系。当前，世界正经历百年未有之大变局，我国正处于实现中华民族伟大复兴的关键时期。

---

① 习近平：《摆脱贫困》，福建人民出版社 1992 年版，第 26 页。

中华民族伟大复兴的战略全局是奋斗目标，百年未有之大变局是现实环境。两个大局相互联系、相互交织、相互影响。战略全局借势于百年变局，百年变局孕育着时代新局。当前，伴随着中华民族伟大复兴进程的，是百年未有之大变局带来的世界大发展、大变革、大调整加速推进，两者同步交织、相互激荡。目前，新冠肺炎疫情仍在全球肆虐，经济全球化在"后疫情时代"因动能衰减、阻力上升，整体上仍处于新旧转型、模式更新和特征重塑的历史转型期。以中国为代表的新兴经济体崛起仍然是影响国际秩序的关键变量。与此同时，国际社会局部碎片化特征更趋严重。世界百年未有之大变局为中华民族伟大复兴提供机遇和条件，同时也带来潜在风险和挑战。中华民族伟大复兴既是世界百年未有之大变局的有机组成部分，也是其重要推动因素。我们要深刻把握两个大局之间的内在联系，努力推动二者之间的良性互动和相互促进。

要统筹好发展和安全的关系。要懂得"国家安全无小患"，风起于青萍之末、浪兴于微澜之间，必须把安全防护网织密织牢。践行国之大者，必须筑牢安全之基。树立总体国家安全观，防范和化解影响我国现代化进程的各种风险，建设更高水平的平安中国，确保人民安居乐业、社会安定有序、国家长治久安。坚持底线思维与科学方法统一，既要准确把握矛盾风险产生规律，做到见之于未萌、防患于未然，又要探索实践所需的好方法和新手段，综合运用系统治理、综合治理、依法治理、源头治理、专项治理等科学方法和有效手段，推进全周期动态治理、全方位依法治理、全要素智慧治理。坚持重点防控与全面防范统筹，既要把握主攻方向，着力防范化解影响政治安全、社会安定、人民安宁、网络安全的突出问题，又要树立"大平安"理念，努力实现平安建设的全方位之治。坚持提升能力与完善制度并举，既把能力建设作为重中之重，着力增强风险预警、研判、应急、处置能力等，又把制度建设作为制胜之本，健全国家安全领导体制、工作体系和运行机制，完善政策法规，创新纵横联动、政社互动、专群齐动机制，筑牢国家安全屏障。

第三章
心怀国之大者的历史内涵

中华民族在5000多年的历史发展过程中，积淀了优秀的文化传统，它深深融入民族意识之中，表现出了强大的生命力，是共产党员涵养大格局大胸怀的深厚支撑，成为中华民族艰苦奋斗、继往开来的精神支柱。中国共产党是中华优秀传统文化的传承者和弘扬者，自诞生之日起，就以实现中华民族伟大复兴为己任并不懈奋斗，一部百年党史，就是一部共产党员心怀国之大者、不忘初心使命的奋斗史。

一、中华优秀传统文化是心怀国之大者的深厚积淀

中华传统文化源远流长、博大精深，是中华民族的"根"和"魂"。在漫长的历史发展中，中华民族能够成为伟大的民族、始终屹立于世界民族之林，历经磨难而愈挫愈勇、奋发奋起，一个重要原因就在于培育和发展了独具特色、博大精深的中华文化，为自身发展提供了强大精神支撑和丰厚文化滋养。从中华优秀传统文化中汲取历史智慧和政治智慧，运用中华优秀传统文化阐述国之大者理念，使人们从中得到启发和启迪，是解释今天共产党人为何心怀国之大者的一个重要切入点。

中华优秀传统文化包罗万象，内容丰富，蕴含着丰富的哲学思想、人文精神、教化思想、道德理念等，可以为人们认识和改

造世界提供有益启迪。如，民惟邦本、革故鼎新、与时俱进、道法自然、天人合一等思想，至今还为治国理政提供有益借鉴。又如，崇德向善、孝悌忠信、礼义廉耻等观念，体现着评判是非曲直的价值标准，潜移默化地影响着中国人的行为方式。这些优秀的传统文化，反映了古代中国人朴素的价值观念，顺承了统治阶级的意愿，往往上升为古代国家治理的重大指导原则，成为统治阶级治理国家的根本指针。也正是因为有了这种文化的传承与延续，无论时光演进，朝代更迭，勤劳善良的中华儿女都能自强不息，开拓创新，不断攻坚克难，始终屹立于世界民族之林，为人类文明与进步作出不可磨灭的贡献。

中华文化博大精深

中国是一个历史悠久的文明古国，传统文化博大精深。"盘古开天地""女娲造人""神农尝百草""仓颉造字"，奠定了神传文化的初始。"人法地，地法天，天法道，道法自然"，道家天人合一的思想融入文化的血脉；"大学之道，在明明德"，两千多年前的孔子设馆授徒，把以"仁义礼智信"为代表的儒家思想传与社会。公元1世纪，"慈悲普度"的释教佛法东传，中华文化变得更为博大精深。儒、释、道三家思想交相辉映，使盛唐时期达到举世瞩目的辉煌。虽然中华民族在历史上多次遭到侵略和打击，但中华传统文化一直表现出极大的融合力与生命力，其精华代代相传。"民惟邦本""天人合一""忠孝节义""仁义礼智信"等思想构成其包罗万象的内容。

治大国，若烹小鲜。在纷繁复杂的行政事务中，古代的君臣们总是能够抓大放小、举重若轻，分清主次、辨别缓急，找到最核心、最关键、最迫切的问题,并将其置于优先解决的位置,因势利导,未雨绸缪,于是他们总结提出的关于治国理政的标识性大事、事件,称之为"国之大事""国之大计""国之大纲""国之大政"等。《论语》中有:"谨权量,审法度,修废官,四方之政行焉。兴灭国,继绝世,举逸民,天下之民归心焉。所重:民、食、丧、祭。"这些大事要事,关系江山社稷,关系百姓福祉,体现着国家治理中关于国势、国运、国脉等重大问题的战略性思考,随着历史沉淀,逐渐演绎为一种历史文化传统,成为中华传统文化在治国理政中的深刻反映。

比如,古代中国,生产力低下,自然灾害、战争频发,农业的战略意义尤为重要,历代均以农为本,将粮食生产作为重中之重,于是,农业生产成为古代社会最重要的生产劳动,"重农爱民"是维护王朝统治的基本准绳。古代君臣往往将"轻徭薄赋""仓廪有积"等定为国之大者,认为"仓廪实而知礼节,衣食足而知荣辱",把物质生活的需求放在了最基本的位置,"农本"思想构成了中国传统农耕文明和农业社会的基本底色。

朱元璋重视农业生产[①]

清末民初人孟森的《明史讲义》中记载,明太祖朱元璋开国初年,收复的北方土地、邻近城市的土地多数是荒芜的,一面是饿殍遍野,一面是榛莽丛生的大片土地。为了解决困局、鼓励劳动热情,明太祖下令:"召民耕,人给十五亩,蔬地二亩,免租三年。"不但分田地给农民,而且免除三年的税赋,这在当时是相当诱人的政策。并且还补充规定:如果百姓在官府分给的田地之外,

---

① 节选自李晓巧:《皇宫里也可种菜》,《文史博览》2015年第3期。

自己额外垦荒出的田地,"永不起科",意思是绝对私有,永远不收税。这极大地激发了平民百姓的垦荒热情,很多南方人举家迁移到北方劳动、垦荒,当时社会上呈现出一番蓬勃的全民劳动新气象。明朝疆域内的土地得到了极大的开垦,"盖无弃土矣",开出了很多肥沃的农田,到了洪武二十六年(1393年),全国田土面积较元代末年增长了4倍多。

朱元璋统治时期确立了明朝的军屯制,同时也借助"开中法"(明代鼓励商人输运粮食到边塞换取盐钞,给予贩盐专利的制度)促使了商屯的盛行,既充裕了军粮储备、巩固了边防,也激发了劳动氛围。此外,朱元璋还积极派遣国子监生分行天下,督促各地兴修水利,为农业发展奠定基础。据吴晗《朱元璋传》记载,洪武二十六年,国家统计,夏秋二季总税收为:麦四百七十余万石,米二千四百七十余万石。相较于元代同期全国粮食税收增加了1.5倍。

祭祀事关国家权力秩序和意识形态问题,是古代王朝最为重要的政治与文化活动,《汉书》称:"祀,国之大事也,恶其乱国之大事于太庙,故言大事也。"《文献通考》中说:"夫国之大事,莫大于祀。"它显示了王朝最在意的正统性,是整合民族国家力量的重要途径。在漫长的历史传承中,祭祀文化凝结了浓厚的人文精神,蕴涵着丰富的人与自然、人与社会、人与人和谐相处的思想理念,演化为炎黄子孙情感认同的一种心理依托和精神纽带,也是中华传统文化的重要组成部分。

祭祀

在中国古代,祭祀是有重要意义,并贯穿整个社会生活的大事。《左传》明确指出,"国之大事,在祀与戎"。春秋乃至战国,战争频仍，时有小国被兼并，在重重危机之下，整顿武力，保卫边防，理所当然。所以"戎"被视为国之大事，关系到国家的兴衰与存亡。但是，祭祀也被作为国家头等大事，位列在戎之前面，可见祭祀天地神灵是国家的头等大事。

古代的祭祀活动，曾作为国家的典章制度贯穿历朝历代，历代史书方志，莫不以专门篇幅记录祭祀盛典和有关事项，无不有祭祀的风俗和灵验记录在案，无不有祭祀的规矩传承于世。

从夏、商时代开始，历代帝王都将祭天、祭地、祭五谷、祭祖先作为隆重的祭祀。随着物质文明的不断进步，祭天、祭地、祭五谷、祭祖先的仪式也经历了不断的变化，明朝初年因建都南京，在钟山之南建国丘，在冬至日祭天，并同时祭祀风云雷雨的变迁。自明朝迁都北京之后即在南郊建祭天之坛，也就是今日北京的天坛。天坛于永乐十八年落成，总面积为273公顷，主要建筑有祈年殿、皇穹宇、圜丘，平面均为圆形，以象征天。祈年殿的四根大柱象征四季，外围两排12根柱象征12个月和12个时辰。真正意义的天坛是二层汉白玉栏杆围上的圜丘。因祭天主要实用意义在于祈求风调雨顺，农作物丰收。

军事力量关乎国家安全，历朝历代极为重视军政，往往将其提升至关系生存的战略高度。《孙子兵法》中说："兵者，国之大事，生死之地，存亡之道，不可不察也。"《汉书》中说："兵势，国之大事，当为后法。"《通典》中说："夫戎事，有国之大者。"古代统治者希望通过建立强大的军事，对内维护安定，对外抵御入侵，来达到长治久安的目的。

还有诸如教育、刑法、税收等，这些都是影响国家发展的根本因素，是理所当然的国之大者。古代统治者在执政过程中认识

大格局

到国之大者各要素的重要性，探索各种方法来解决好这些问题。

国之大者并非固定的，是历史的具体的统一。时代不同，社会环境不同，需要解决的问题也不同，自然便会形成与时代相呼应的特定的国之大者。隋唐时期，科举制度确立，开辟了选官用人的崭新路径，"国之大柄，莫先择士"，这充分反映了科举取士成为当时的重大任务。隋唐大运河的贯通使用，更是为南北交融提供了一条便捷通道。宋代，在"重文轻武"的环境下，学校、人才选拔等问题日益受到关注，被视为和天地、宗庙同等重要的"国之大本"。明成祖时期国力充盈，于是派遣郑和下西洋，与周边国家"庶几共享太平之福"。清末，随着西方列强的入侵，国人探寻救亡图存出路，关注国际形势、发展工商业等成为时代使命。国之大者的内涵在历代政治家和思想家的解读和实践中得以不断丰富、不断完善，不仅传承着历史智慧，更反映着一个历史阶段的突出任务，彰显着一个历史阶段治国理政的突出特点。

清末实业救国

1840 年，鸦片战争爆发，中国长期封闭的状态被打破，西方文明的冲击使得中国几千年来的社会经济结构被侵蚀，传统的自然经济逐渐走向解体。洋务运动开始后，"重农抑商"思想开始逐渐被取代。以郑观应、王韬等为代表的思想家，继承发展了林则徐、魏源经世致用的务实精神，提出了以"士商平等"、"商战固本"和"以商立国"等口号，为实业救国思潮的萌发奠定了思想基础。戊戌变法和八国联军侵华战争，使中国社会受到极大震动，"实业救国"思想渐为世人所注意，从而发展成为一股社会思潮。

1901 年，慈禧宣布实施新政，其中一个重要内容就是振兴商务，奖励实业。1903 年，清政府设立专司保护和奖励工商业的国家机构——商部。接着颁布了一系列工商业规章和奖励实业办法，如《钦定大清商法律》《商会简明章程》《试办银行章程》等。这些章程规定，允许自由发展实业，奖励兴办工商企业，鼓励组织商会团体，从此中国工商实业的发展进入一个新阶段。辛亥革命以后，民国的建立使实业救国思潮进一步高涨。第一次世界大战期间，欧美主要帝国主义国家先后卷入大战，不仅减少了对华的商品输出，而且增加了对华商品的需求。中国的民族资本就在这样的空隙里急速发展起来，进入了它的"黄金时代"。

从"国之大事"、"国之大政"到"国之大者"，其意涵更丰富，语气更强烈，气象更宏伟，是中华优秀传统文化创造性转化、创新性发展来构建中国特色话语体系的经典诠释。历代政治家和思想家对国之大者的认识，充分展示了丰富的治国理政思想，也为后世留下了宝贵的精神财富和历史启示。

二、家国情怀是心怀国之大者的有力支撑

中国人历来抱有家国情怀。家国情怀作为中华优秀传统文化的基本维度和重要标识，是每个炎黄子孙对华夏命运共同体的一种认同和宗奉，是全体社会成员对民族大家庭的一种坚守和护持。先国后家，正确处理个人、家庭与国家的关系，是家国情怀的主要内容。在中国人的精神谱系里，国家与家庭、社会与个人，都是密不可分的整体。《大学》有云："物格而后知至，知至而后意诚，意诚而后心正，心正而后身修，身修而后家齐，家齐而后国治，国治而后天下平。"《孟子》有言："天下之本在国，国之本在家，家之本在身。"以正心诚意、修身齐家为基础，以治国平天下

大格局

为旨归，把远大理想与个人抱负、家国情怀与人生追求熔融合一，这正是古人对个体、家庭与国家关系最理想的诠释。

传统中国社会是一个农业社会，经济形态是以一家一户为基础的小农经济。在统一的多民族国家尚未真正建立的夏、商、周（含春秋、战国）时期，古人的家国情怀主要表现为浓厚的故土情结，即对故土邦国的热爱。因此，守护自己的家园，捍卫自己赖以生存的土地也成为古人内心自觉的国之大者。楚国爱国诗人屈原就是当时的典型代表，他的全部爱国思想和情感都是以爱楚国为前提的。

爱国诗人屈原

屈原是古代一位伟大的诗人，也是一位杰出的爱国者。他出生在战国时期的楚国。屈原非常热爱自己的家乡，热爱楚国。可是楚国的统治者腐败无能，不图进取，使国家渐渐衰弱，百姓生活也很痛苦。屈原对此非常着急，他来到王宫，劝楚王改革图强。不料他受到奸臣的陷害和攻击，一度信任他的楚王竟把他赶出都城，流放到了远方。

屈原的一片爱国心不被人理解，非常难过。有人劝他说："楚国既然不需要你，你何不到别国去，照样可以施展才能呀！"屈原回答说："我爱我的楚国，为它的命运担忧，为百姓的痛苦伤心。我明知道自己的处境很危险，可是我舍不得我的故土，我希望有一天还能为它出力。"

屈原写了许多诗，表达自己的爱国之情。他想象自己乘着龙驾着象，在天空中翱翔，就要飞往远方，离开楚国。忽然回头看到了可爱的家乡，立刻停住了脚步。他的仆人哭了，连马也不肯再往前走，他又回到了楚国，并下决心：如果不能实现我的愿望，我就投江而死，用生命殉我的祖国！

不久，屈原怀着对楚国深深的眷恋，投入了汨罗江。他的这种爱国情怀感动了无数后人，所以人民至今还怀念他。每年的端午节，人们划龙舟，吃粽子，就是为了纪念屈原这位伟大的爱国诗人。

伴随着人口迁徙，民族不断融合，领土持续变更，"国家"的内涵也在发生变化，这种爱国情怀逐渐发展为"爱天下""爱四海""爱九州"的情感。在诸子百家中，"天下"占有很高的位置。《老子》中关于"天下"的内容共出现55次；孔子则站在"天下"的立场上为整个华夏民族思考命运；孟子前往齐国以求天下安民之举。"爱天下"的情感逐渐成为爱国思想的主要内涵，并影响后世。像东汉末年曹操的"周公吐哺，天下归心"，宋代政治家范仲淹的"先天下之忧而忧，后天下之乐而乐"，明末清初思想家顾炎武的"天下兴亡，匹夫有责"，等等，他们认为亡国不过是改朝换代，而亡天下才是人民的灾难。心系天下也就是心怀国之大者，强调真正的爱国首先应该以天下为己任。

古人的"天下观"

《诗经·小雅》中的"普天之下，莫非王土；率土之滨，莫非王臣"，是对古代中国"天下观"最早也最精辟的诠释。随着政治文明的演进，"天下"一词逐渐成为古代的重要政治术语。中国作为一个明确的概念，至少在春秋战国时期就已经提出，如《诗经》中有"《小雅》尽废，则四夷交侵，中国微矣"的说法，《庄子》中也提及"吾闻中国之君子，明乎礼义而陋于知人心"。

从古代中国绵延几千年的政治话语演变过程来看，"天下"与"中国"之间主要存在着两种关系。

其一,"天下"包含"中国","中国"是"天下"的一部分,而且是核心和关键部分。上文已提及华夏族在形成过程中,便认为自己处于"天下之中",因此华夏族政权称为"中国"。

例如,《史记》中的"舜曰:'天也!'夫而后之中国践天子位焉,是为帝舜"。舜为何要到"中国"继位?因为其统治核心在中国,这表明中国只是天下之核心。又如"天下名山八,而三在蛮夷,五在中国"一言,则更为明显地表明中国和蛮夷之地都隶属于天下。

其二,"天下"等同于"中国"。古人对于"天下"概念的运用是因时而变、因势而变的,是完全与现实的政治诉求密切相关的,因此,当中原王朝的文治武功以及疆域版图有长足发展和扩充的时候,"天下"就会用来直接形容"中国",以标榜王朝的强盛。

例如,《明史》中提及"天下"一词1700余次,而提及"中国"共18次,虽然二者使用次数悬殊,但均指代明王朝所直接统治的疆域,可以断定明朝人是将"中国"与"天下"等同的。

简言之,"天下"是中国古人根据现实经验和对宇宙世界的崇拜而创建的政治术语,在此基础上形成了影响中国数千年的"天下观",无疑展现出了古代中国人的政治智慧。

秦灭六国,建立了中国历史上第一个统一的多民族国家,从此民族与国家之间有了更直接的联系,家国情怀突出表现在对祖国锦绣山河、悠久历史、灿烂文化的热爱,"忧国、忧民、忧天下"的意识,以及维护祖国统一和对于民族尊严的追求与奋斗。杜甫"星垂平野阔,月涌大江流",徐霞客的"五岳归来不看山,黄山归来不看岳",表达了对祖国大好河山的热爱。李清照将对时局命运的忧虑和关注常常隐含在家国之思、故土之恋、时局之忧及个人凄苦的抒写中,"千古风流八咏楼,江山留与后人愁。水通南国三千里,气压江城十四州"。古人笔下的千古名句和实际行动真切流露出对民族的爱和对祖国的爱。

苏武牧羊

公元前100年,匈奴政权新单于即位,尊大汉为丈人,汉武帝为了表示友好,派遣苏武率领100多人出使匈奴,持旄节护送扣留在汉的匈奴使者回国,顺便送给单于很丰厚的礼物,以答谢单于。不料,就在苏武完成了出使任务,准备返回自己的国家时,匈奴上层发生了内乱,苏武一行受到牵连,被扣留下来,并被要求背叛汉朝,臣服单于。

最初,单于派卫律向苏武游说,许以丰厚的俸禄和高官,苏武严词拒绝了。匈奴见劝说没有用,就决定用酷刑。当时正值严冬,天上下着鹅毛大雪。单于命人把苏武关进一个露天的大地穴,断绝提供食品和水,希望这样可以改变苏武的信念。时间一天天过去,苏武在地窖里受尽了折磨。渴了,他就吃一把雪;饿了,就嚼身上穿的羊皮袄;冷了,就缩在角落里用皮袄取暖。匈奴人软硬兼施,也没让苏武改变气节,于是决定把苏武流放到人迹罕至的北海(今俄罗斯贝加尔湖)边牧羊。在这里,苏武每天拿着使节放羊,心想总有一天能够拿着它回到自己的国家。渴了,他就吃一把雪;饿了,就挖野鼠收集的野果充饥;冷了,就与羊取暖。这样日复一日,年复一年,使节上挂着的旄牛尾装饰物都掉光了,苏武的头发和胡须也都变花白了。

在北海,苏武牧羊长达19年之久。在昭帝始元六年,即公元前81年,苏武终于回到了长安。回长安后百姓都出门迎接,称赞

他是个有气节的大丈夫。从此,苏武以尽忠守节而闻名于世,苏武牧羊的故事也千古流传。

经过几千年来的传承,"家国一体""家国同构"早已渗入中国人的精神血脉当中,培育了中国士人自觉地为国分忧解难、自觉扛起国家重担的道德品质。"国是千万家,有国才有家","国家好,民族好,大家才会好",在5000多年的中华文明史中,每当山河动荡、风雨飘摇的危难关头,都有毁家纾难、精忠报国的人挺身而出,他们心系百姓,先忧后乐,奔走呼号,尽职尽责,舍生忘死,使得我们这个民族保持最大的韧性,即便经历无数的困难,依然不屈不挠、葆有生机。南宋末年著名政治家、文学家文天祥在《过零丁洋》一诗中写道:"山河破碎风飘絮,身世浮沉雨打萍。"他把自己命运和国家前途紧紧联系在一起,"国之不存,家将焉附",誓死不降元军,最终留下"人生自古谁无死?留取丹心照汗青"的千古名句。明清两朝时而边关吃紧,时而海防告急,中华民族之血性日益浓烈。1449年,明朝军事家、政治家于谦带领明军大败瓦剌迎回明英宗后,写下了流传千古的《石灰吟》,其中"粉骨碎身浑不怕,要留清白在人间"一句垂青后世,彪炳万代。明朝末年和清代晚期,随着民族危机日益加深,爱国志士们再次奏响了抗敌救国的主旋律。陈子龙的"不信有天常似醉,最怜无地可埋忧",夏完淳的"缟素酬家国,戈船决死生",黄遵宪的"杜鹃再拜忧天泪,精卫无穷填海心",谭嗣同的"四万万人齐下泪,天涯何处是神州",梁启超的"谁怜爱国千行泪,说到胡尘意不平",秋瑾的"拼将十万头颅血,须把乾坤力挽回",等等,振聋发聩,荡气回肠,浸透着诗词作者的家国情怀和时代担当。从这个意义上说,心怀国之大者就是满怀对国家、民族的深厚感情。

林则徐虎门销烟

清朝的后期，西方的英、法、美等国的殖民主义者和投机商人，纷纷向我国走私毒品鸦片（俗称大烟）。他们的目的，一是用鸦片换取白银，掠夺我国的财富，二是用毒品残害中国人的身体，便于他们侵略。当时，很多正直的官员看透了英国人的险恶目的，坚决主张查禁鸦片。

林则徐的态度最坚决。他说：再不禁烟，我国就不会有白银当军饷，就不会有强壮的士兵抵抗侵略了。为了国家的尊严，必须禁烟。皇帝就让他去广州查禁鸦片。

林则徐到了广州，命令外国商人把全部鸦片缴出来并保证不再私运鸦片到中国来，否则给予严惩。有些外国商人照办了，可英国商人不肯缴，英国政府的代表义律还策划阴谋，企图顽抗。林则徐当机立断，坚决行使主权，中断与英方的贸易并不再供应食物和水。英国人没办法，只好缴出了鸦片。

1839年6月3日这一天，林则徐亲自到虎门海滩，主持销毁害人的毒品鸦片。他以无比的勇气和决心维护中华民族的尊严，是一位伟大的爱国者。

当然，我们也应该看到，中国古代特定历史条件下产生的爱国思想带有局限性。首先表现在爱国思想带有强烈的忠君色彩。在古代"家天下"的社会结构中，人们认为君即代表国家，这样便把国家安危系于君主一身，甚至出现"愚忠"的现象。其次，爱国思想中存在较深的民族观念，容易产生"非我族类，其心必异"的盲目排外情绪。

三、民族复兴伟业是心怀国之大者的永恒命题

近代中国逐渐成为半殖民地半封建社会,国家蒙羞、人民蒙难、文明蒙尘,中国共产党一经诞生,就把为中国人民谋幸福、为中华民族谋复兴确立为自己的初心使命。100多年来,中国共产党团结带领中国人民进行的一切奋斗、一切牺牲、一切创造,归结起来就是一个主题:实现中华民族伟大复兴。实现中华民族伟大复兴,也就是一代代共产党人最大的"国之大者"。与之相应,党中央围绕应对世情国情党情而提出的思想主张、确立的重大战略、完善的重大制度、推进的重大工作,都是国之大者。复兴之路的漫漫征程,也是中国共产党人心怀国之大者、砥砺奋进的前进历程。

中国共产党成立后,选择什么道路夺取政权是国之大者。中国革命的根本问题是政权问题,但在经济文化十分落后、城市与乡村发展极不平衡的条件下,选择什么道路夺取国家政权,是中国共产党人面临的一个重大课题。实践表明,旧中国敌我力量对比极为悬殊,党必须首先在农村建立革命根据地,待条件成熟后再占领城市,最后夺取全国胜利。中国共产党人由此开辟了一条农村包围城市、武装夺取政权的道路,领导中国人民前赴后继、浴血奋战,经过北伐战争、土地革命战争、抗日战争、解放战争,推翻了帝国主义、封建主义、官僚资本主义统治,实现了国家独立和民族解放,建立了人民当家作主的新中国。新中国的建立,彻底结束了旧中国半殖民地半封建社会的历史,彻底废除了帝国主义强加给中国的不平等条约和在中国的一切特权,中华民族任人宰割任人奴役的历史从此一去不复返!

工农武装割据之路

1927年9月9日,秋收起义爆发,但因敌众我寡,很快遭遇重挫。9月19日,毛泽东主持召开文家市会议,决定放弃进攻长沙,向敌人力量薄弱的湘南一带转移。但行军过程非常艰难,部队在到达江西省萍乡县时遭遇强敌伏击,起义军总指挥卢德铭牺牲。当时,许多指战员情绪低落,思想混乱,甚至有些人擅自离队。

为了克服严峻形势,1927年9月29日,工农革命军到达永新境内的三湾村。在这里,毛泽东对部队进行了著名的三湾改编。主要内容有三个方面:一是在组织上进行改编,将部队从一个师缩编为一个团;二是确定"支部建在连上",实行党对军队的领导;三是设立士兵委员会,实行军队的民主制度。总体而言,这些措施保证了党对军队的绝对领导,奠定了政治建军的基础。三湾改编之后,全军士气为之一振。

1927年10月3日晚至5日,前敌委员会在古城召开扩大会议,即古城会议。会议着重讨论了在罗霄山脉中段建立革命根据地的问题,除少数人外,与会者一致同意毛泽东的意见。对此,何长工回忆说:"从三湾改编到古城会议,解决了军队建设和建设根据地的一些重大问题。创建了第一个农村革命根据地和一支新型的人民军队,点燃起'工农武装割据'的星星之火。"

10月中旬,毛泽东在鄘县(今湖南省株州市炎陵县)水口看到国民党报纸,得知南昌起义主力在广东潮汕地区失败,并闻知长沙、湘南的工农运动没有起来,遂"放弃了准备退往湘南的想法,坚定了在罗霄山脉中段建立革命根据地的主张"。10月27日,起义部队到达茨坪。11月初,毛泽东率部回到茅坪,"开始创建以宁冈为大本营的井冈山根据地"。至此,湘赣边秋收起义部队完成了"引兵井冈"的转折，开始了工农武装割据的斗争，走上探索中国革命农村包围城市、武装夺取政权之路。

新中国成立初期，巩固和建设新生的人民政权是国之大者。中华人民共和国成立后，国民党反动派留给中国一个千疮百孔的烂摊子，美国及西方一些帝国主义国家对新中国采取政治上孤立、经济上封锁、军事上包围的政策，企图把新中国扼杀在摇篮里，捍卫、巩固并发展新生的人民政权是新中国成立初期的最重要的任务，是理所当然的"国之大者"。为了巩固民主政权，党中央先是作出了"抗美援朝，保家卫国"战略决策，19万多中华儿女牺牲在朝鲜战场，拼来了山河无恙、家国安宁，让新中国真正站稳了脚跟，为我国革命和建设事业创造了一个相对和平的环境。抗美援朝胜利后，党的一个根本任务就是稳步促进两个转变：一是由农业国向工业国转变；二是由新民主主义向社会主义转变。1953年8月，党提出"一体两翼"的过渡时期总路线。其主体是逐步实现社会主义工业化，其两翼是对个体农业、手工业的社会主义改造以及对资本主义工商业的社会主义改造，其实质是在发展生产力的基础上，采取一系列从低级到高级的过渡形式解决所有制问题，使生产资料公有制成为国家和社会的经济基础，以适应实现国家工业化的需要。到1956年，随着社会主义改造的基本完成，社会主义基本经济制度在中国正式确立。这是中国历史上最为广泛而深刻的社会变革，为实现中华民族伟大复兴奠定了根本政治前提和制度基础。社会主义改造完成后，党开始对社会主义建设道路进行艰辛探索，在一穷二白的基础上建立了比较完整的工业体系和国民经济体系，为中国特色社会主义道路的开辟奠定了基石，提供了路标。

"一化三改"

新中国成立后,党领导全国各族人民开始了有步骤地从新民主主义到社会主义的转变。经过3年经济恢复工作之后,1952年底,中共中央提出了党在过渡时期的总路线,明确规定:"党在这个过渡时期的总路线和总任务,是要在一个相当长的时期内,逐步实现国家的社会主义工业化,并逐步实现国家对农业、对手工业和对资本主义工商业的社会主义改造。"

这个"一化三改"的总路线,其实质和主要任务是实现国家工业化,而为了实现国家工业化,就必须实现对农业、手工业和资本主义工商业的社会主义改造,全面确立社会主义的基本制度。按照总路线的要求,党从1953年起,在大力推进工业化建设的同时,开展了对农业、手工业和资本主义工商业的社会主义改造。

农业的社会主义改造实际上就是农业的合作化。1953年,中共中央先后作出两个关于农业合作化的决议,规定了我国农业社会主义改造的路线、方针和政策。到1956年底,农业社会主义改造在经历了互助组、初级社、高级社三个阶段后基本完成,全国加入合作社的农户达96.3%。中国农村在发展稳定的气氛中完成了几千年的分散个体劳动向集体所有、集体经营的历史性转变。

在推进农业合作化的同时,从1953年11月开始至1956年底,党采取"积极领导、稳步前进"的方针,以生产合作小组、供销合作社、生产合作社等形式,从供销入手,由小到大,由低到高,对手工业逐步实行社会主义改造,全国90%以上的手工业者加入了合作社。

资本主义工商业的社会主义改造,从1954年至1956年底全面进行。党对资本主义工商业采取了通过公私合营等多种国家资本主义的形式,逐步将其改造成为社会主义的公有制企业,同时将所有制的改造与人的改造相结合，对民族资产阶级实行"和平赎买"政策，努力使剥削者成为自食其力的劳动者。

对农业、手工业和资本主义工商业的社会主义改造，到1956年已经基本完成，社会主义的基本经济制度在中国全面地建立起来了。这是中国进入社会主义社会的最主要的标志。社会主义基本制度的建立，为当代中国的一切发展进步奠定了根本政治前提和制度基础。

党的十一届三中全会后，改革开放是国之大者。以党的十一届三中全会为标志，我们党通过深刻总结国内外两方面历史经验，毅然把党和国家的工作中心转移到社会主义现代化建设上来，义无反顾地作出实行改革开放的伟大决策，确立党在社会主义初级阶段的基本路线，实现了从高度集中的计划经济体制到充满活力的市场经济体制、从封闭状态到全面开放的伟大历史转变。改革开放是当代中国发展进步的活力之源，是我们党和人民大踏步赶上时代前进步伐的重要法宝，是坚持和发展中国特色社会主义的必由之路。改革的目的是不断促进生产关系和生产力、上层建筑和经济基础相适应，促进社会各个领域、各个方面、各个环节相协调，使中国特色社会主义充满生机活力。开放的目的是以积极的姿态走向世界，充分利用国际国内两个市场、两种资源，使我国的生产关系逐步适应与全球经济联系日益密切的生产力的发展。习近平同志在庆祝改革开放40周年大会上坚定地指出："40年的实践充分证明，改革开放是党和人民大踏步赶上时代的重要法宝，是坚持和发展中国特色社会主义的必由之路，是决定当代中国命运的关键一招，也是决定实现'两个一百年'奋斗目标、实现中华民族伟大复兴的关键一招。"改革开放的成功实践，为实现中华民族伟大复兴提供了充满活力的体制保证和快速发展的物质条件。

创办经济特区

党的十一届三中全会后,创办经济特区的设想逐步形成。1979年4月,中共中央工作会议召开,广东省委负责人在向中央领导同志作汇报时,建议中央下放若干权力,允许在毗邻港澳的深圳市、珠海市和重要侨乡汕头市开办出口加工区。这一建议得到了中央领导同志的重视。邓小平在与广东省委负责同志谈话时表示:还是叫特区好,陕甘宁开始就叫特区嘛!中央没有钱,可以给些政策,你们自己去搞,杀出一条血路来。

在深入细致的调查研究基础上,7月15日,中共中央、国务院批转了广东、福建两省省委关于在对外经济活动中实行特殊政策和灵活措施的报告,决定对广东、福建两省的对外经济活动给予更多的自主权。同时决定,先在深圳、珠海两市划出部分地区试办出口特区,待取得经验后,再考虑在汕头、厦门设置特区。

1980年5月16日,中共中央和国务院批准《广东、福建两省会议纪要》。"出口特区"被正式改名为"经济特区"。同年8月,五届全国人大常委会第十五次会议审议批准在深圳、珠海、汕头、厦门设置经济特区,并通过了《广东省经济特区条例》。这标志着中国的经济特区正式诞生了。

1984年1月24日至2月15日,邓小平先后视察了深圳、珠海、厦门三个经济特区,对特区建设的成就给予了充分肯定,并分别为三个经济特区欣然挥笔题词。

经济特区取得的令人瞩目的巨大成就,向世界展示了中国改革开放的坚定决心,同时也为逐步扩大对外开放和推进经济体制改革提供了丰富的经验。

"四个全面"战略布局是新时代的国之大者。"举一纲而万目张,解一卷而众篇明。"党的十八大以来,在以习近平同志为核心的党中央坚强领导下,我们党团结全国人民,紧紧抓住大有可为的历史机遇期,攻坚克难,锐意进取、开拓创新,提出了全面建成小康社会、全面深化改革、全面依法治国和全面从严治党"四个全面"战略布局。随着2020年全面建成小康社会取得伟大历史性成就,我们党与时俱进,在党的十九届五中全会上对"四个全面"的表述作出调整,其中第一个全面由"全面建成小康社会"变为"全面建设社会主义现代化国家"。"四个全面"战略布局既有战略目标又有战略举措,每个"全面"相互之间具有紧密的内在逻辑,是一个整体战略部署的有序展开。"四个全面"战略布局是对我们党治国理政实践经验的科学总结和丰富发展,它进一步明确了当前党和国家各项工作的战略方向、重要领域和主攻目标,是新时代党治国理政的盾和"牛鼻子",是新时代的国之大者。

八项规定改变中国[①]

2012年12月4日,十八届中央领导集体履新不到20天,习近平主持召开中央政治局会议,审议通过中央政治局关于改进工作作风、密切联系群众的八项规定。2017年10月25日,习近平在党的十九届一中全会上说:"清清白白做人,就是要一身正气、两袖清风,自觉遵守廉洁自律准则,自觉遵守中央八项规定精神,自觉接受监督,敬畏人民、敬畏组织、敬畏法纪,公正用权、依法用权、廉洁用权,拒腐蚀、永不沾,决不搞特权,决不以权谋私,做一个堂堂正正的共产党人。"2017年10月27日,党的十九大闭

---

① 节选自王石川:《八项规定八周年为何上热搜》,《光明日报》2020年12月7日。

幕第3天,习近平主持召开十九届中共中央政治局第一次会议,审议通过了一份重要文件——《中共中央政治局贯彻落实中央八项规定的实施细则》。

八项规定出台八周年之际,光明日报刊发《锲而不舍落实中央八项规定精神》一文登上热搜榜。有网友说:"一路看过来,确实是改变很多,了不起!""八项规定改变中国。"广大网友聚焦和热议这篇评论,实则是关注八项规定,关注八项规定的成效。

八项规定不是一个简单的政治词汇,而是一种具有力量的制度。它瞄准的是党风建设,要解决的是管党治党失之于宽、失之于松、失之于软等问题,要对作风之弊、行为之垢等来一次大排查、大检修、大扫除。

八项规定不是高高在上的制度设计,而是与我们每个人息息相关的制度变革。连日来,一个与八项规定有关的短视频火了,其中一个细节耐人寻味。原来,每到中秋节等佳节,一些地方都堵车,"一到过节拉的净是你们这些送礼的",而如今再也听不到出租车司机这种抱怨了。小细节折射大改变,让人由衷点赞八项规定。这种日常变化最有说服力,最触动人心,诚如短视频提到的,"八项规定,改变你我,行于日常,非比寻常"。

就在不久前,中央纪委国家监委对6起违反中央八项规定精神典型问题进行公开曝光。其中一个案例是,2018年至2019年,甘肃省定西市水文局局长公车私用受到党内警告处分。在一些人看来,这才多大事呀,更何况都是一两年前的事了。但是,有关部门照查不误,这说明八项规定不是一阵风,纪检监察机关对顶风违纪问题严查快处、决不放过,不容"四风"反弹。

八项规定八周年上热搜,是一个有意思更有意义的社会话题。一定程度上说,这是党心与民心的良性互动,也是民众对善政善治的悦服。正所谓"锄一害而众苗成,刑一恶而万民悦",当八项规定带来更大层面的深刻改变,带给民众更多元更全方位的获得感,民众就会更加强烈地激赏八项规定。

胸怀国之大者,立志于中华民族千秋伟业,中国共产党百年恰是风华正茂。在"五位一体"总体布局和"四个全面"战略布局指引下,我国统筹疫情防控和经济社会发展,经济实力、科技实力、国防实力和综合国力稳步提升,已经成为世界第二大经济体、第一大货物出口国和第一大外汇储备国。2021年,我国国内生产总值达到114万亿元,在世界经济中的比重预计超过18%,对世界经济增长的贡献率达到25%,已处于中等偏上收入国家水平。这一切为实现中华民族伟大复兴提供了更为完善的制度保证、更为坚实的物质基础、更为主动的精神力量。

第四章
心怀国之大者的新时代意蕴

新时代的国之大者具有鲜明的时代特征。中国共产党立志于中华民族千秋伟业，百年恰是风华正茂。过去 100 年，党向人民、向历史交出了一份优异的答卷。现在，党团结带领中国人民又踏上了实现第二个百年奋斗目标的新征程，比历史上任何时期都更接近、更有信心和能力实现中华民族伟大复兴的目标。同时，全党必须清醒认识到，前进道路上仍然存在可以预料和难以预料的各种风险挑战，我国仍处于并将长期处于社会主义初级阶段，我国仍然是世界上最大的发展中国家，社会主要矛盾是人民日益增长的美好生活需要和不平衡不充分的发展之间的矛盾。行百里者半九十。习近平同志提出"国之大者"并反复强调"心怀国之大者"，正当其时。

一、心怀国之大者是实现第二个百年奋斗目标的必然要求

（一）心怀国之大者是中国共产党的时代显现

中华民族有着 5000 多年源远流长的文明历史，为人类文明的发展与进步作出了不可磨灭的贡献。近代以来，中国逐步成为半殖民地半封建社会，国家蒙辱、人民蒙难、文明蒙尘，中华民族

遭受了前所未有的劫难。① 顽强的中国人民不屈不挠、矢志不移，在救亡图存的道路上持续求索以争取民族独立和民族复兴。在谋求国家独立和民族复兴的各个时期，中国共产党都坚持心怀国之大者并高度重视随客观环境和发展要求的变化调整其领导方略。

十月革命一声炮响，给中国送来了马克思列宁主义，以李大钊为代表的中国知识分子热情讴歌俄国十月革命，全国各地涌现出一大批宣传马克思主义的刊物，研究马克思主义的团体亦相继成立。马克思主义传入中国和中国先进知识分子选择马克思主义作为改造中国社会的思想武器，是中国共产党心怀国之大者的直观表征和具体结果。在此之后，马克思列宁主义在中国得以广泛传播，促进了中国人民的伟大觉醒，并为中国创建无产阶级政党奠定了坚实的基础。

1921年7月，中国共产党第一次全国代表大会召开，宣告中国共产党正式在新民主主义革命目标指引下成立。此后，中国共产党在中国革命艰苦卓绝的千锤百炼中茁壮成长。从1921年到1949年，推翻帝国主义、封建主义、官僚资本主义三座大山是中国共产党实现国之大者的具体体现。中国共产党团结带领人民浴血奋战，历经北伐战争、土地革命战争、抗日战争、解放战争，以武装的革命反对武装的反革命，以百折不挠的斗争精神实现了人民解放、民族独立，废除了列强强加于中国的不平等条约，结束了中国半殖民地半封建社会的屈辱历史，取得了新民主主义革命的伟大胜利。1949年10月，中国共产党和中国人民向世界庄严宣告，中华人民共和国成立，中国人民从此站起来了。

---

① 参见中共中央宣传部：《中国共产党的历史使命与行动价值》，人民出版社2021年版。

新中国成立后，实现中华民族伟大复兴是中国共产党在社会主义革命和建设时期的国之大者。围绕这一目标，中国共产党团结带领中国人民进行社会主义革命，以马克思主义为指引，将马克思主义基本原理同中国具体实践相结合，推行中华民族有史以来最为广泛而深刻的社会变革，不断突破限制人民能动性和创造力的制度、思想和文化束缚，持续推进社会主义建设，确立并巩固社会主义基本制度，从而奠定了当代中国发展进步和现代化建设的根本政治前提和制度基础。

"文化大革命"结束后，建设什么样的社会主义和怎样建成这样的社会主义是中国共产党在改革开放进入社会主义建设新时期后的国之大者。中国共产党团结领导中国人民坚持解放思想、锐意进取。党的十一届三中全会作出从高度集中的计划经济体制转向社会主义市场经济体制的历史性决断，作出将党和国家工作中心转移到经济建设上来，实行改革开放的历史性决策，开启了社会主义现代化建设的伟大征程。其后，随着社会主义市场经济体制的确立，社会生产力进一步解放，安定团结的政治局面持续得以巩固，中国社会主义现代化建设取得巨大成就，中国特色社会主义道路经受住了历史和实践的检验，得到了党和人民的衷心拥护。

世纪之交，围绕动员全党和全国人民团结奋斗，将建设有中国特色的社会主义事业全面推向21世纪这一国之大者，1997年9月12日，党的十六大召开。结合中国社会经济关系、社会结构和思想观念的变化，大会审议并一致通过十五届中央委员提出的《中国共产党党章（修正案）》，指出"中国共产党是中国工人阶级的先锋队，同时是中国人民和中华民族的先锋队，是中国特色社会主义事业的领导核心，代表中国先进生产力的发展要求，代表中国先进文化的前进方向，代表中国最广大人民的根本利益"。同时，党的十六大确定将包括全面建成小康社会在内的"两个一百年"奋斗目标写入党章，即在新世纪新阶段，经济和社会发展的战略目标是，巩固和发展已经初步达到的小康水平，到建党 100 年时，建成惠及十几亿人口的更高水平的小康社会；到建国 100 年时，人均国内生产总值达到中等发达国家水平，基本实现现代化。

其后，2017 年 10 月 24 日，党的十九大审议并一致通过十八届中央委员提出的《中国共产党章程（修正案）》，对"两个一百年"目标进行了完善，明确了新世纪新时代国之大者的具体内容。即"到建党一百年时，全面建成小康社会；到新中国成立一百年时，全面建成社会主义现代化强国"。对"两个一百年"目标内容表述进行局部调整，特别是提升对第二个百年奋斗目标的内在要求，是在综合考虑中国正处于并将长期处于社会主义初级阶段基本国情和中国社会快速发展基本事实的基础上，结合中国社会主要矛盾变化而作出的重要部署。调整后的"两个一百年"目标进一步彰显了党领导人民推进伟大事业、实现伟大梦想的决心和信心。

回溯中国共产党的百年奋斗史，中国共产党在民族危难之际应运而生，团结带领中国人民和中华民族历经百年奋斗，在各个历史阶段始终心怀国之大者，坚持结合环境需要和人民需求调整执政方略，勇担重任、不负使命。中国共产党的执政地位是历史和人民的选择，中国共产党也以其执政实践不断印证着历史和人民选择的正确性。作为马克思主义政党，中国共产党自诞生之日起就把为中国人民谋幸福、为中华民族谋复兴确立为自己的初心和使命；不忘初心、牢记使命、砥砺前行是中国共产党取得并巩固执政地位、团结带领人民克服困难、从胜利走向新胜利的关键法宝。

经过党和人民的长期努力，各个时期党和人民最为关注的国之大者得到切实落实，中国特色社会主义事业取得举世瞩目的成就，解决中国人民全民温饱问题的伟大实践为世界各国国家治理提供了可资借鉴的重要经验，在实现国家、社会和人民期许的同时，也重塑着国家建设、社会发展和人民需求的新的时代内涵。立足于此，习近平同志在党的十九大上指出，中国特色社会主义进入新时代。调整后的"两个一百年"奋斗目标更加符合中国特色社会主义新时代的发展需要，进一步明确了中国共产党心怀国之大者的行动指南，再次凸显了中国共产党的先锋队性质和全心全意为人民服务的根本宗旨。

（二）心怀国之大者与"两个一百年"目标实践

将国之大者落到实处有赖于制度建设。制度是治国之重器，良制是善治之前提。古今中外，国家治理历来高度重视并依赖制度建设，制度建设的必要性集中体现为其重要性与功能性。对于制度的重要性，邓小平强调，"制度好可以使坏人无法任意横行，制度不好可以使好人无无法充分做好事，甚至会走向反面"[①]。而制度的功能具体体现为：制度具有规范性，是建构和维护社会秩序的关键抓手；制度作为裁判依据，是合法配置资源的有效途径；制度兼具保障功能，是引导、激励人的行为的重要手段；制度同时具有协调与整合的功能，是平衡利益冲突、规范社会关系的有力举措。实现"两个一百年"奋斗目标的重大任务，必须坚持和完善中国特色社会主义制度，着力将制度优势转化为治理效能。

---

① 习近平：《关于〈中共中央关于坚持和完善中国特色社会主义制度 推进国家治理体系和治理能力现代化若干重大问题的决定〉的说明》，《人民日报》2019 年 11 月 6 日。

即是说,"两个一百年"目标的实现同时有赖于进一步完善制度建设和进一步增进制度效能。就制度建设而言,中国特色社会主义制度是中国共产党和中国人民的伟大创造,是当代中国发展进步的根本保证,中国特色社会主义制度是中国特色社会主义理论体系在国家治理实践中的具体表征,是中国特色社会主义道路的基本支撑。一方面,中国特色社会主义制度建设既基于中国特色社会主义事业的发展,又服务于中国特色社会主义事业的推进;另一方面,制度优势转化为治理效能有赖于多重因素的支撑与推动,切实有效将制度优势落实为治理效能仍需从多方面着手改善。

确保将国之大者融入各项工作实践有赖于坚持和完善中国特色社会主义制度,有赖于坚持制度制定和制度执行相统一。一方面,要抓紧制定国家治理体系和国家治理能力现代化急需的各项制度,以制度创新和制度供给为核心更好回应实际生活的需求,更好满足社会发展的需要,推动中国特色社会主义制度不断自我完善和发展。另一方面,制度的生命力在于执行,有制度不执行,危害甚于没制度;因而要切实强化制度意识、确保制度落实,不断提高制度执行力。综合制度建设的重要功能,考虑到各级党委、政府和各级领导干部作为制度创新和制度执行关键行动者的重要影响,党的十九届四中全会审议通过《中共中央关于坚持和完善中国特色社会主义制度 推进国家治理体系和治理能力现代化若干重大问题的决定》,强调各级党委和政府以及各级领导干部要切实强化制度意识,带头维护制度权威,作制度执行的表率,带动全党全社会自觉尊崇制度、严格执行制度、坚决维护制度。健全权威高效的制度执行机制,加强对制度执行的监督,坚决杜绝作选择、搞变通、打折扣的现象。

坚持国之大者有赖于将制度优势转化为治理效能,进一步增强制度自信。要坚信中国特色社会主义制度是当代中国发展进步的根本保障，是具有鲜明中国特色、明显制度优势、强大自我完善能力的先进制度。要坚信中国特色社会主义理论体系是指导党和人民沿着中国特色社会主义道路实现中华民族伟大复兴的正确理论，是立于时代前沿、与时俱进的科学理论。要坚信中国特色社会主义道路是实现社会主义现代化的必由之路，是创造人民美好生活的必由之路。制度自信来源于对历史经验的深刻总结，中国现代化走过的历程已经表明中国特色社会主义制度的现实适应性；制度自信来源于对现实挑战的稳妥应对，党团结带领人民战胜各种艰难险阻，化解传统风险和应对非传统风险的实践充分显示了中国特色社会主义制度的显著优势；制度自信来源于向理想目标稳步前进，中国消除绝对贫困全面建成小康社会的伟大实践，致力于实现更高水平、更高质量发展的改革举措进一步彰显了社会主义制度的强大生命力。

贯彻落实国之大者还需充分利用现代信息技术手段，着力促成制度与技术优势互补、互为助益的治理格局，以技术增强制度的约束力并优化制度实施成本。科技创新正在持续改变人类的生产形态、生活方式和思维习惯，并成为国家治理和基层治理的重要工具。包括互联网、区块链、大数据、人工智能等在内的科技进步既为进一步转变治理理念、革新治理手段、提升治理效率并优化治理成果提出了更高的要求，也为实现和达成前述目标提供了工具和手段。以"智治"促"善治"是未来政府治理的主要着力点。具体则是要做到以下三点：一是抓住信息化的历史机遇，不断增强对科技的掌控力、驾驭力，不仅要开发好而且要利用好现代科技；二是要进一步加快科技服务于政府决策和政府治理的步伐，通过智慧城市、智慧社区和数字政府建设，持续推进政府治理的精细化水平、政府决策的科学化水准；三是要着力规避技术应用过程中产生的新的不平等和不公正现象，在进一步增进总体福祉的同时避免造成或加重社会弱势群体的负担。

切实保障国之大者的实施效果还有赖于坚持社会主义核心价值观，发扬党在长期斗争和建设中形成的伟大精神，始终坚定不移地推进现代化，以更加昂扬的斗志和更加饱满的精神迎接和应对第二个百年奋斗目标的任务和挑战。"社会主义制度的建立给我们开辟了一条到达理想境界的道路，而理想境界的实现还要靠我们的辛勤劳动。"① 在2020年全面建成小康社会以后，仍然需要朝向第二个百年奋斗目标接续奋斗。习近平同志强调，中华民族伟大复兴，绝不是轻轻松松、敲锣打鼓就能实现的，实现伟大梦想必须进行伟大斗争。在前进道路上，我们面临的风险考验只会越来越复杂，甚至会遇到难以想象的惊涛骇浪。我们面临的各种斗争不是短期的而是长期的，至少要伴随我们实现第二个百年奋斗目标全过程。因此，全党全国各族人民仍需要进一步坚定理想信念，以理想信念引领实践行动；进一步培育坚强意志，以顽强斗志克服现实困难；进一步坚持努力奋进，以不屈不挠的斗争取得进步。

（三）心怀国之大者与建设社会主义现代化强国

心怀国之大者是干部队伍团结一致、凝聚人心，共同为第二个百年目标而奋斗的助推器。全面建成小康社会、实现第一个百年目标集中凸显了中国特色社会主义制度的优越性，为世界减贫事业贡献了中国智慧和中国方案。对于中国现代化建设所取得的

---

① 《毛泽东文集》第7卷，人民出版社1999年版，第226页。

成就，习近平同志强调，"我们最大的优势是我国社会主义制度能够集中力量办大事。这是我们成就事业的重要法宝"①。中国具有集中力量办大事的悠久历史传统，中华民族在悠远的历史发展中形成、延续并巩固着其以大一统为核心的文化共识，中国特色社会主义制度具有能够集中力量办大事的突出特质。在第一个百年目标与第二个百年目标之间，确保中国特色社会主义制度的优越性有赖于党和政府、各级党政领导干部心向一处使、力往一处用。唯有各级领导干部切实做到心怀国之大者，才能不囿于部门职责而在更具全局性的视野下勇于担当使命、敢于创新求变；才能不局限于一时一事之得失，将目光放得更加长远；才能朝向一致方向、瞄准共同目标，进而凝聚人心士气、团结建设力量。

心怀国之大者是各级领导干部积极进取、克服惰性，致力于为第二个百年目标而努力的驱动力。尽管中国现代化建设取得了举世瞩目的成就，但当前的基本国情是中国仍然处于社会主义初级阶段，在第一个百年目标与第二个百年目标的交汇期，实现更高水平更高质量的发展、统筹安全与发展、建设更高水平的平安中国不容有丝毫怠慢。实现全面建成社会主义现代化强国的伟大目标需要始终保持向上心，克服因懒散、懈怠、安逸和满足导致的停滞不前。各级领导干部唯有心怀国之大者，才能常怀敬畏之心、常修从政之德，以崇高的职业荣誉感、使命感为指引，不断提升自身的履职能力；才能自警自省、自我鞭策，始终保持谦虚谨慎的态度和严谨审慎的良好作风，持之以恒地精进专业能力；才能不辞辛劳、孜孜以求，恒久保有精益求精的职业精神，上下

---

① 习近平：《为建设世界科技强国而奋斗——在全国科技创新大会、两院院士大会、中国科协第九次全国代表大会上的讲话》，《人民日报》2016年6月1日。

求索以谋求成事之对策。

心怀国之大者是干部队伍有力消解负面情绪、调整消极心态，树立牢固的理想信念，在第二个百年目标奋斗过程中迎难而上的稳定器。实现伟大梦想、成就伟大事业有赖于推进伟大工程、进行伟大斗争。应当更加充分地认识到，第二个百年目标建设目标进程的复杂性和艰巨性，对前进途中必然面临的重大挑战和重大风险、必须化解的重大阻力和重大矛盾心中有数。伟大梦想是脚踏实地、一步一个脚印干出来的。面对顽瘴痼疾和重大挑战，唯有心怀国之大者，才能知难不畏难、迎难不惧难，以大无畏的精神起而行之、勇挑重任；才能有效化解负面情绪、及时调整消极心态，以饱满的精神状态和良好的工作热情投身现实，以恒久的进取心和向上力突破现实的挑战与磨难；才能冷静面对、客观审视、着力克服必须面对的困难、挫折和失败，主动把握危机与挑战的内在发生机制和客观演变机理，在尊重规律的基础上充分发挥主观能动性，在变局中开新局、于危机中育先机。

二、心怀国之大者是中国特色社会主义新时代的核心内涵

（一）心怀国之大者与新时代社会主要矛盾

心怀国之大者是充分认识和高度重视新时代社会主要矛盾变化的必然要求和题中之义。党的十九大报告指出，"中国特色社会主义进入新时代，我国社会主要矛盾已经转化为人民日益增长的美好生活需要和不平衡不充分的发展之间的矛盾"。新时代中国社会主要矛盾的新表述是在党团结带领人民经过多年艰辛奋斗，总

体上实现社会主义小康，即将全面建成小康社会的基本前提下，立足人民对美好生活需要的品质更高、类别更多、范围更广的现实而作出的重大论断，是对人民群众要求共享改革发展成果的及时回应。新表述符合我国国家建设和社会发展实际情况，新表述高度概括且更加精准地指明了中国特色社会主义事业发展的主要限制和约束因素，指明了国之大者的时代内涵。

心怀国之大者是有效改善和着力解决新时代中国社会主要矛盾的行动方略和有效对策。社会主义新时代国家建设和社会发展的核心目标即在于满足"人民日益增长的美好生活需要"。改革开放以来，中国经济社会取得了极大的发展成就，物质生活水平的改善和社会发展水平的提升重塑着人民的认知与预期，人民美好生活需要的内涵也随之发生巨大改变。展开来讲，在物质条件相对匮乏时期，人民的主要关切和迫切需求在于解决温饱问题；而随着经济社会发展水平的提升，人民美好生活需要呈现出多重变化。在由温饱型社会向发展型社会的转轨进程中，人民既期待进一步改善物质生活条件，同时也渴望绿水青山、蓝天白云的宜居环境；人民既关注医疗、养老、教育等与切身利益直接相关的事项，也渴望更加公平正义、更为安全和谐的社会生态；人民既希望有更多的发展机会，也希望有更高的生活幸福感和个体获得感；人民既希望保持稳定增长以持续改善生活水平，也希望不断提升发展质量以确保质与量的均衡协同。心怀国之大者是满足人民美好生活需要的指南针和动力源。

心怀国之大者是有效化解新时代中国社会建设主要困境的精神源泉和行动指南。实现社会主义新时代核心目标的主要途径在于努力消除约束与限制不平衡不充分发展格局的不利因素和条件。在中国特色社会主义新时代，不平衡不充分的发展已经成为满足人民美好生活需要的限制和约束因素。对此，习近平同志在党的十八届五中全会第二次全体会议上的讲话中指出，我们必须紧紧抓住经济建设这个中心，推动经济持续健康发展，进一步把"蛋糕"做大，为保障社会公平正义奠定更加坚实物质基础。他同时强调："我们必须坚持发展为了人民、发展依靠人民、发展成果由人民共享，作出更有效的制度安排，使全体人民朝着共同富裕方向稳步前进，绝不能出现'富者累巨万，而贫者食糟糠'的现象。"① 这实际意味着，破解新时代社会主要矛盾的路径在于，坚持以创新、协调、绿色、开放、共享为核心内容的新发展理念，着力推动共同建设，助力共享发展成果，努力实现共同富裕。

（二）心怀国之大者与新时代中国特色社会主义事业的主要面向

心怀国之大者要求必须立足两个大局。2020年10月26日，习近平同志在党的十九届五中全会上指出，实现中华民族伟大复兴的战略全局和世界百年未有之大变局，是谋划工作的基本出发点。其中，实现中华民族伟大复兴指向国内发展的大局，世界百年未有之大变局是指世界范围国际格局和国家间关系的变革与重塑。两个大局并非互相独立的平行关系，而是相互依存、互相渗透、互相影响、互为机遇、同步交织，国际格局的变化牵动着国内格局的发展，国内格局的演进直接影响国际格局的动向。民族复兴是近代以来中国人民和中华民族的共同梦想，中国特色社会主义事业的稳步推进给予中国人民以信心和能力去接近和实现这

---

① 习近平：《在党的十八届五中全会第二次全体会议上的讲话（节选）》，《求是》2016年第1期。

一伟大目标，这是关系人民福祉、民族命运和国家发展的大事。同时，在全球范围内，国际关系行为体间力量对比出现较大变动，新兴行为体强势崛起冲击着现行国际秩序和国际关系格局，国际社会中不稳定、不合理因素的日益暴露不断解构现有国际制度的合法性。如何构建更具道义、更为平等、更加包容的国际格局，在复杂敏感的国际局势中形成新的非零和外交局面是确保新时代中国特色社会主义事业稳步推进的重要任务。

心怀国之大者要求坚持做到、做实、做好统筹发展与安全。深刻认识安全与发展的辩证关系、稳妥推进安全与发展的同步发展是新时代中国特色社会主义事业发展的坚实基础和有力保障。首先，安全是发展的前提，发展是安全的保障，安全与发展互为支撑、互相助益的良性关系是确保社会发展和国家建设的必要条件。发展无法在混乱动荡的秩序中保持稳健状态，平和稳定的环境是国家各项事业发展的必要条件；同时，发展带来的各项变化为安全建设提供了更为充分的资源、更为便捷的手段和更加严格的标准，这就使得发展本身成为安全的重要支撑要素。其次，全面把握安全与发展的辩证关系还应着力促成安全与发展结构均衡、步调一致的基本格局。安全与发展是一个问题的两个方面，过分偏重发展、相对放松安全会在事实上增加发展成本，过于强调安全、疏于促进发展则会面临效率损失，两者均不是低成本、高收益、低风险的最优状态。

心怀国之大者要求必须准确把握新发展阶段。新发展阶段是社会主义初级阶段中的一个阶段，同时是其中经过几十年积累、站到了新的起点上的一个阶段。新发展阶段是我们党带领人民从站起来、富起来到强起来历史性跨越的新阶段。经过新中国成立以来特别是改革开放40多年的不懈奋斗，我们已经拥有开启新征

程、实现新的更高目标的雄厚物质基础。新中国成立不久,我们党就提出建设社会主义现代化国家的目标,未来30年将是我们完成这个历史宏愿的新发展阶段。精准把握新发展阶段即要充分利用好既有发展奠定的利好格局,在总结既有发展经验的基础上,坚持并发扬优良传统和优良作风,不断改善工作方法、着力提升工作技巧。精准把握新发展阶段即要严格落实好发展要求,坚持增加数量与改善质量相结合,努力促进拓展内容与创新形式的有机结合,着力实现优化结构与完善体系的同步推进。精准把握新发展阶段即要全面统筹过去、现在与未来的协同性关系,要认识到新发展阶段具有承前启后的连接性功能,新发展阶段的新是相对于前一发展阶段而言的,新发展阶段也奠定了其后发展的基础。

心怀国之大者是贯彻新发展理念、推进新时代中国特色社会主义事业的直观表征。2015年10月29日,习近平同志在党的十八届五中全会第二次全体会议上的讲话中鲜明提出了创新、协调、绿色、开放、共享的发展理念。新发展理念强调创新,即要以理念创新、方法创新、策略创新为各项事业的发展赋能。新发展理念强调协调,即要统筹好整体与部分的联合、部分与部分的合作,进而提升发展效率、优化发展成本。新发展理念强调绿色,即在追求进步的同时不断缩小乃至隔绝其对生态和社会系统的破坏性影响,实现无污染、无破坏的健康发展之路。新发展理念强调开放,即要以开放的态度、包容的心态、宽松的氛围营造更富生命力、创造力与活动力的运行体系。新发展理念强调共享,即要以共同参与建设、共同贡献智慧、共同追求进步、共同分享成果确保人民整体和各层次群体的均衡与满意。新发展理念顺应了时代发展的新要求,为化解时代发展困境与问题提供了有效指导,为切实增强发展动力、进一步厚植发展优势提供了重要指导。

心怀国之大者要求必须坚持新发展理念，加快构建新发展格局。改革开放以来，中国经济社会发展取得巨大成就，人民生活水平显著提升，但是中国社会发展仍然面临着东、中、西部发展不均衡，贫富差距较大的现实困境。党的十八届三中全会审议通过《中共中央关于全面深化改革若干重大问题的决定》，力图通过全面深化改革化解改革、发展中遇到的各类问题，充分释放改革红利。全面深化改革的核心问题是处理好政府与市场的关系，既要坚持市场在资源配置中的基础作用，也要确保政府更好发挥作用，以完善中国特色社会主义市场经济保证发展效率，以行政管理体制改革确保经济社会发展质量，从而在进一步开发国内市场的同时，推动中国社会均衡发展。与此同时，改革开放40余年，中国的发展与世界的发展依存度日益加深，中国要进一步提高发展质量和发展水平就要坚定不移地扩大开放，推进更高水平的对外开放，与全球伙伴共享发展机遇。中国作为发挥重要国际影响力的大国，有责任在建构包容、合作、普惠、平衡、共赢的国际关系新格局中贡献更多力量。总体来讲，加快建构以国内大循环为主体、国际国内双循环相互促进的新发展格局既是中国国家发展和中国特色社会主义建设事业的必然要求，也是展现中国大国担当，着力建构新型国际关系、构建人类命运共同体、推动全球善治的现实需要。

（三）心怀国之大者与共创更加幸福美好的生活

领导干部切实做到心怀国之大者，更能及时洞察人民美好生活需要的新发展和新变化。需求层次理论认为人的需要是分层次、多面向的，从总体上看，人的需求可以分为物质、安全等基础性

大格局

低阶需求和爱、尊重、归属等高阶需求。人民美好生活需要也具有层次分明、阶梯渐进的基本特征，在满足物质生活需要是社会主导性需求的发展阶段与物质生活获得较好满足后的新阶段，人民美好生活的具体内涵和主要需求也会发生显著变化。后物质主义价值观在经济社会水平极高的发达国家居民中广泛流行，进一步证实了公众的生活需求与偏好会随社会发展阶段和发展水平的改变而改变。中国正处于现代化建设的快速发展期，经济社会的快速发展与结构性变迁将直接或间接地改变人民美好生活需要的具体构成与主体内容。领导干部切实做到心怀国之大者，才能敏锐地察觉到社会变迁及其导致的人民需求的新变化，才能及时捕捉到人民群众新需求对政府行为的新要求，进而才能在此基础上准确把握政府工作布局的关键工作领域和主要着力点，高效准确回应人民美好生活需要的新趋势与新要求。

领导干部切实做到心怀国之大者，才能更具持续满足人民美好生活需要的行动力和实践力。意识与认知是行动的第一牵引力，领导干部切实做到心怀国之大者，便是自觉主动地将国家发展的大局需要、社会建设的各项需求以及人民美好生活的各项诉求纳入自身的认知系统，对各项有助于满足人民美好生活需要的工作保持积极态度。在思考如何认识这些问题的过程中也要思考如何解决乃至更优解决这些问题。意识与认知是行动的前奏，领导干部的深刻认知与高度重视能够直接影响其施政施策的行动，从而更加主动地探究满足人民美好生活需要的有效策略和实践方案。换言之，领导干部切实做到心怀国之大者，便是做到了将个人的工作担当与人民利益紧密结合，便是做到了将履行工作职责与服务公众的热情相结合，即将满足人民利益的要求内化为自身履职实践的动力。这一良性循环为优化政府公共关系、优化政府形象和切实改善民生提供了有力支撑。

领导干部切实做到心怀国之大者，才能更有效提供促进人民美好生活的新举措和新方案。能力和毅力是确保政策执行和妥善落实工作的重要保障，领导干部切实做到心怀国之大者，便会主动关切国际国内最新发展动向，便会积极主动进行研讨分析，便会自觉厘清现实发展需要自身在哪些方面着重作出努力，便会以现实要求为标准反观自身在哪些方面存在短板，便会积极筹谋、主动寻求有助于提升自身工作能力的手段与策略，便会以更加坚韧的态度和毅力投身到工作实践中去，便会更为执着地探究有助于增进人民幸福的有效举措和实践方案。领导干部切实做到心怀国之大者，即将理想蓝图、实践安排与反省改善统一于工作实践中，将既有安排、当期部署与长期规划统一于现实发展，将主动落实、主动反思、主动创新、主动改进统一落实在实际工作过程中。如是，便能切实做到将工作关口前移，注重预防、抓好落实，致力于达成成本更低、效率更高、结果更好的发展局面。

三、心怀国之大者是贯彻落实总体国家安全观的题中之义

（一）心怀国之大者与风险社会时代

心怀国之大者要求准确把握现代社会的基本特征和发展动向。以工业化、市场化、城市化为主导目标的现代化建设在刺激物质财富增长、极大提高生活便捷度的同时，也使人们面临着贫富差距扩大、环境污染加剧、核扩散危机和恐怖主义侵袭等新兴风险的威胁。并且，以市场主导资源分配的理性计算渗透在人们日常

生活的方方面面，个体生命周期中的大小事件及其后果均由个体承担，因而，现代社会本质是一种风险社会。其后，以道格拉斯和威尔德韦斯为代表的学者，从文化和心理视角对现代风险社会进行了补充，其核心观点[①]为：一方面，社会进步特别是技术革新使得信息传播更加便捷，由于信息可得性增强，公众对风险的感知水平和认识能力显著提升；另一方面，各类为化解既有风险而采取的措施或是将不同程度地引致次生风险，或是其本身就潜藏着新风险。在前述两方面要素的综合作用下，风险水平的事实增长和公众感知风险能力的提升共同构成了现代风险社会的核心要义。

心怀国之大者要求结合现代社会的根本特征调整和改善治国理政的主要目标和关键着力点。与现代化相伴而生的全球化进一步加剧了风险的扩散能力和破坏性。作为一种内嵌于社会运行系统的结构性要素，风险本身具有复杂性、不可预知、难以监督且扩散迅速、破坏性后果严峻、联动效应明显的显著特征。全球化时代的到来大大降低了国家间、地区间、不同文化群体间的交往难度和交流成本，人员和信息在全球范围内的流动性持续增强，国家间、公民群体间的依赖程度稳步加深。因而，现代社会风险往往以公共危机的形式爆发，并且发生规模更大、传播速度更快，破坏性影响更深，危害性后果更强。与此同时，在经验意义上，识别风险需要进行专业知识积累，准确判别风险的等级和影响需交由专业人士研判，定义社会风险的关键决策权通常归政府机构所有，而且将风险的破坏性影响降至最低必然要求政府以制度革

---

① 参见斯科特·拉什：《风险社会与风险文化》，王武龙编译，载《马克思主义与现实》2002 年第 4 期。

新和政策完善作为回应。这就使得风险治理在事实上严重依赖于国家及其政府组织，现代国家和政府组织必须在防范化解公共风险和重大危机中发挥更大作用。

心怀国之大者要求国家和政府组织有效防范和高效应对可能存在的公共风险。其原因在于以下两点：一是由于风险具有突发性，时间在风险初发期的作用和影响极为关键，国家风险防范和应对体制机制建设需着力提升风险预警准确度和风险治理的行动效率，有效弥合风险不确定性与风险决策程序间的效率张力，着力改善科层制在化解风险中的效率不足问题。二是由于风险的破坏性影响不局限于可见的物质损坏和物理伤害，还包括精神受损和心理恐惧等降低安全感知的情感性后果，这就使得风险应对既要注重客观的安全保护，也要重视主观的安全感知和安全信心，致力于改善公众安全感，努力提升公共安全信心。也就是说，与传统安全建设相比较，现代社会中安全建设目标实现了从单纯强调外在环境安全向兼顾环境安全与感知安全的转变，现代社会安全的目标既包括提升环境安全水平、增强环境安全能力，也包括营造更富安全感的社会。

（二）心怀国之大者与贯彻落实总体国家安全观

心怀国之大者要求尊重并适应国家和社会出现的新变化。改革开放以来，中国国家现代化进程加快，社会现代化转型过程中社会利益日渐分化，社会意识层次更趋复杂、社会结构断裂、新生社会问题显著增多，国家建设和社会发展面临的显在和潜在风险明显增多。进入新世纪以来，中国经济社会发展的显著成就与政治体制改革相对滞后间的张力日渐凸显，随着物质生活水平的改善，社会各群体的政治变革诉求发展迅速。制度建设和制度创新速度无法及时充分满足公众需求成为社会不满情绪积聚、社会矛盾激化的根本原因。总体来看，现代性社会风险与中国社会转型风险交织，各类风险及挑战的联动效应明显，当代中国实际处于工业社会与风险社会叠加的混合风险时代。① 为适应变化的世界国际关系格局和日新月异的国内社会发展新气象，2014 年 4 月，习近平总书记在十八届中共中央政治局第十四次集体学习会上提出"总体国家安全观"。

心怀国之大者要求坚持贯彻落实一切有利于国家安全的方略与实践，即要贯彻落实总体国家安全观。就其发展导向而言，总体国家安全观高度重视国民安全的基础地位和重要意义，强调国家安全与"人的安全"相统一，致力于实现国家安全、国民安全与社会安全的积极互动和良性循环。就其治理功能而言，总体国家安全观顺应了国际社会安全建设既要筑牢传统安全问题屏障，又要充分重视预防和应对新兴安全问题的主导性趋势，满足了国家安全建设中心与重心向内转移的实践需要，为建构更具现代适用性的安全体系指明了方向。总体来看，总体国家安全观是当前和今后较长时间内国家安全建设的理论和行动指南，因而要把握规律、尊重规律、讲究方法，确保在实践中落实总体国家安全观。

心怀国之大者要求走有中国特色的国家安全道路，即要进一步增强忧患意识，做到居安思危，持续提升应对风险能力。习近平同志在学习贯彻党的十九大精神研讨班开班式上指出，前进道路不可能一帆风顺，越是取得成绩的时候，越是要有如履薄冰的谨慎，越是要有居安思危的忧患。应从意识和行动两个层面去理解居安思危的深刻内涵：在意识层面强调思则有备、有备无患，常

---

① 参见成伯清：《风险社会视角下的社会问题》，《南京大学学报》2007 年第 2 期。

怀忧患意识要求对风险的突发性、随机性保持警醒，不因形势稳定而懒散怠惰，在危机发生时要即刻行动；在行动层面强调要常常思考应对策略的改善之道，提升化解风险和应对挑战的水平与能力，以反思经验、改进方法和实践演练为基础。中国特色社会主义事业发展和民族复兴的实践进程必然要遭遇各类重大风险与挑战，居安思危的本意则在于以强调意识之警醒与策略之改善增强应对危机的实战能力。

心怀国之大者要求创建当代中国国家安全治理系统格局，即要善于运用底线思维的方法，有效防范重大社会风险。习近平同志多次强调的"底线思维"具体是指，凡事从坏处准备、努力争取最好的结果，这样才能有备无患、遇事不慌，牢牢把握主动权。坚持底线思维就是要始终保持严谨审慎、兢兢业业的工作态度，面对复杂敏感的国际格局与艰巨繁重的国内发展任务，必须始终保持高度警惕，深刻认知并精准把握各类风险的走势与可能造成的危害，以高度的自觉严阵以待，尽可能压缩风险造成的损失与伤害。坚持底线思维就是要敢于坚定迎难而上、积极作为的工作信念，无论是面对"黑天鹅"事件还是处理"灰犀牛"事件，都要在科学研判的基础上生成工作方案，不断提高落实效率，将工作做细做实做好。坚持底线思维就是要把握好固本强基、稳中求胜的工作原则，既要通过战略管理和战术调整稳定局面，也要把握主动、化危为机，把握发展主动权。

（三）心怀国之大者与建设更高水平的平安中国

统筹发展和安全、建设更高水平的平安中国是中国稳定持续发展的目标航向和基本支撑。心怀国之大者是一种责任，更是一种担当。各级领导干部作为行使公权力的公职人员，对事关全局、

大格局

事关根本、事关未来的战略布局保持关心，对关系党和国家事业的布局与发展保持关注，对人民群众及社会各界的发展需求保持关切是其职责所在。同时，心怀国之大者也意味着各级领导干部要更加自觉地严格落实党中央推崇、倡导、强调的各项事业，更为主动地在全国大局下规划、部署、推进各项工作，更为自觉地服务于人民利益、公共利益和国家利益。这实际表明，心怀国之大者是始终坚持全局意识、大局意识，并在全局意识、大局意识的引领下开展各项实践活动，并以实践行动响应全局需要、回应大局要求的完整过程。在现代风险社会中，唯有各级领导干部切实做到心怀国之大者，不断提升人民安全感、建设更高水平的平安中国才能稳步得以实现。

心怀国之大者是维护安定团结的政治局面、增强社会发展稳定性的关键切入点。当前，我国正处于深化改革的重要战略机遇期，同时也是社会问题的多发期和高发期，许多深层次的矛盾和问题逐渐显现，社会不和谐因素明显增多，协调社会关系的难度明显增大。心怀国之大者就是忧国之所忧、想民之所想，通过在工作生活中处处留心、细细观察，对国之所需、民之所求保持关切并及时跟进，切实将履职行为与服务实践相统一。心怀国之大者的基础在于办好为民小事，通过不断提升各级党政机关精细化治理能力和人性化服务水平，着力解决好国家发展过程中的各类矛盾和问题，努力满足人民对美好生活的需求。心怀国之大者就是将各级领导干部的工作统一到国家建设、民族复兴和人民幸福的伟大事业中去，以理想指引实践行动，以积极行动持续靠近理想。心怀国之大者就是要对影响社会稳定、破坏安定团结局面的各类危机心中有数，转变被动应对的局面、着力将关口前移积极部署防御，孜孜以求持续提升应对和化解重大风险的能力。

心怀国之大者是适应安全建设新标准、满足安全发展新需要的关键着力点。安全是发展的根基，扎实开展平安中国建设是提高发展水平、改善发展质量的重要前提和关键保障。现代社会风险是流动的、发展的、变化的，这就要求安全建设的结构、标准和内容作出相应改变。持续变化的国际国内格局要求各级领导干部及时跟进形势的发展。各级领导干部唯有切实做到心怀国之大者，才能更为主动地关注国际安全局势的新变化与国内社会安全发展的新动向，在大量占有资料的基础上准确把握安全发展的新走向与新趋势。各级领导干部唯有切实做到心怀国之大者，才能更为自觉地观察社会发展的新空间与公众偏好的新变化，在敏锐观察到社会现象的同时深刻洞察其背后的深层逻辑，及时、高效、准确地了解新型安全问题和新发社会风险，进而做到心中有数、从容处置。各级领导干部唯有切实做到心怀国之大者才能更加自发地跟进各领域取得的新进展、新突破和各群体面临的新情况、新问题，从而对安全建设和风险防范可资利用的新工具和面临的新问题保持更为准确的判断。

心怀国之大者是增强安全发展能力、提升安全发展水平的重要落脚点。安全发展能力和安全发展水平既是国家治理体系和国家治理能力的重要内容，也是衡量国家治理体系和国家治理能力的指标构成，增强安全治理能力有赖于各级领导干部不断加强自身职能能力和综合素养。各级领导干部唯有切实做到心怀国之大者，才更有动力实现自我净化，以更加饱满的精神和更加昂扬的斗志投身安全建设和风险防范工作，助力构筑更为平安和更富有安全感的社会。各级领导干部唯有切实做到心怀国之大者，才能始终以更高的标准严格要求自身，通过自我完善、自我革新实现自我提高，进而有效提升应对处理复杂情境和重大风险的素质与

大格局

能力，为社会建设和国家安全筑牢平安稳定的坚实基础。各级领导干部唯有切实做到心怀国之大者，才能平衡好个人发展与伟大事业，不纠结于一时之荣辱得失，将关注点和注意力放在于国于民有益的事业上，以更加无私无畏的奉献精神为抵抗风险、保障安全贡献智慧与力量。

第五章
心怀国之大者要提高"政治三力"

践行国之大者、对国之大者心中有数,本质是讲政治,关键是增强政治能力。党员干部能否做到讲政治,是否善于讲政治,是政治能力强弱的体现,同样也需要借助政治能力来进行检验。中国共产党对领导干部能力上的要求,政治能力是第一位的。政治能力就是把握方向、把握大势、把握全局的能力,就是保持政治定力、驾驭政治局面、防范政治风险的能力。政治能力从来不是抽象的,而是具体的、实在的,包括政治判断力、政治领悟力、政治执行力。学会从政治上把握国之大者,算好政治账、人民账、发展账,必须坚持从政治上看,坚决从政治上办,增强政治意识,落实政治要求。

一、以政治判断力解决"看清楚"的问题

强调提高政治判断力是由我们所处的时代特征决定的。我国正处在百年未有之大变局,正在进行具有许多新的历史特点的伟大斗争,而且日益走近世界舞台中央,不断为人类作出更大贡献。世界局势风云变幻,暗流涌动,我国经济社会正发生着深刻复杂变化。广大党员、干部应该对大局大事、全局工作有全面而准确的认知,并以之指引现实工作。善于登高望远,学会"仰望星空",懂得看"桅杆",善于从现象看本质、从苗头倾向看发展走

大格局

向,才能"不畏浮云遮望眼",廓清各种迷雾,厘清各种头绪。党员干部要善于分析形势,准确把握发展大局,强化前瞻性思考和全局性谋划,不断锻造政治判断力。

党员干部担负着组织的重托和人民的期望,要对大局、大势和大事看得清、辨得明,拥有敏锐的政治判断力至关重要。面对各种复杂局面和矛盾问题,必须提高政治站位,旗帜鲜明地坚持正确的政治立场和政治方向,自觉做到在重大问题和关键环节上保持清醒头脑,保持高度的政治敏锐性和政治鉴别力。善于从一般事务中发现政治问题,善于从倾向性、苗头性问题中发现政治端倪,善于从错综复杂的矛盾关系、矛盾链条中把握政治逻辑,及时预警化解政治风险、防范一般风险转化为政治风险。

只有提高政治判断力,才能做政治上的明白人。提高政治能力,很重要一条就是要善于从政治上分析问题、解决问题。只有从政治上分析问题才能看清本质,只有从政治上解决问题才能抓住根本。不从政治上认识问题、解决问题,就会陷入头痛医头、脚痛医脚的被动局面,就无法从根本上解决问题。心怀国之大者,学会从政治上看问题,要求党员干部坚持党的领导和社会主义制度,自觉增强"四个意识"、坚定"四个自信",自觉做到"两个维护"、深刻把握"两个确立"。要始终站稳政治立场、把准政治方向,学会站得高、看得远、想得深。要学会从全局看、从战略上看、从人民根本利益看,学会算大账、算政治账。要增强政治敏锐性和政治鉴别力,善于分析政治因素、政治意义、政治后果,善于识别政治陷阱、政治隐患、政治风险,时刻保持清醒的政治头脑和敏锐的政治眼光,始终做政治上的明白人。要理解"两个确立"是深刻总结党的百年奋斗和党的十八大以来伟大实践得出的重大历史结论,"两个维护"是新时代全党在革命性锻造中形成的共同意志，维护党中央权威和党的团结统一是每个党员干部与生俱来的职责使命。

要敢于斗争，赢得政治主动，必须提高政治判断力。深刻理解国之大者，才能找准政治坐标，站稳政治立场，洞察政治大势，明确政治方向。"治国犹如栽树，本根不摇则枝叶茂荣。"我们治国理政的本根，就是中国共产党的领导和我国社会主义制度。政治判断力要求能提高政治鉴别力，善于识破政治陷阱，直面各种错误思潮，旗帜鲜明地开展剖析和批判。不能爱惜羽毛，要敢于斗争。比如，怎样看待党与法的关系问题。党和法的关系是政治和法治关系的集中反映。每一种法治模式当中都有一种政治逻辑。在中国，党的领导和社会主义法治是一致的，坚持党的领导，是社会主义法治的根本要求。一些人提出诸如"党大还是法大"这样的问题，就是一个政治陷阱，是一个伪命题。少数人之所以热衷于炒作这个命题，是"醉翁之意不在酒"，是想把党的领导和法治割裂开来、对立起来，最终达到否定、取消党的领导的目的。又如，怎样看国有企业的地位问题。一段时间以来，社会上一些人制造了不少针对国有企业的奇谈怪论。要善于从政治上看问题，决不能认为这只是一个简单的所有制问题，或者只是一个纯粹的经济问题。国有企业是我们党执政兴国的重要支柱和依靠力量，是中国特色社会主义的重要物质基础和政治基础，关系公有制主体地位的巩固，关系我们党的执政地位和执政能力，关系我国社会主义制度，因此必须坚定不移把国有企业做强、做优、做大。

要处理好政治账和非政治账的关系，必须提高政治判断力。做一件事情，往往会有利有弊、有得有失。特别是在全面深化改革的攻坚阶段，皆大欢喜的改革越来越少，推进一项改革往往会触及利益的重新调整。在类似情况下，一件事该不该做，就要学

大格局

会做政治上的考量，着眼于国家和民族整体利益、根本利益、长远利益来权衡利弊得失，多算长远账、整体账、综合账。这就是习近平同志常说的学会算政治账。比如，深入推进反腐败斗争，是一场严重的政治斗争，在反腐过程中会遇到阻力，会得罪人。能不能满足于当"老好人""太平官"？对此，习近平同志算了一笔政治账："不得罪腐败分子，就必然会辜负党、得罪人民。是怕得罪成百上千的腐败分子，还是怕得罪十三亿人民？不得罪成百上千的腐败分子，就要得罪十三亿人民。这是一笔再明白不过的政治账、人心向背的账！"① 他强调，民心是最大的政治，正义是最强的力量。只要坚持反腐惩恶不手软，就一定能赢得这场输不起也绝不能输的斗争。又如，针对因粮食连年丰收带来的某些新问题，习近平同志算了一笔政治账，他说："在我们这样一个十三亿多人口的大国，粮食多了是问题，少了也是问题，但这是两种不同性质的问题。多了是库存压力，是财政压力；少了是社会压力，是整个大局的压力。"② 因此，粮食问题不能只从经济上看，必须从政治上看。保障国家粮食安全这根弦任何时候都不能松，什么时候都不能轻言粮食过关了。再如，在经济、外交等领域，既要算小账，更要算大账，而且小账服从大账、局部账服从全局账。有的项目看似没多少赚头，但事关国家利益，我们也要搞，这如同围棋高手的弃子之术。对事关我国对外开放全局的重大事项，对涉及国家战略利益的合作项目，要跳出部门、行业、地方的眼界，多算政治账、战略账。

增强政治判断力，就要以国家政治安全为大、以人民为重、

---

① 《习近平关于全面从严治党论述摘编》，中央文献出版社2016年版，第186页。
② 《习近平论"三农"》，《人民日报》（海外版）2019年5月8日。

以坚持和发展中国特色社会主义为本,增强科学把握形势变化、精准识别现象本质、清醒明辨行为是非、有效抵御风险挑战的能力。要善于思考涉及党和国家工作大局的根本性、全局性、长远性问题,加强战略性、系统性、前瞻性研究谋划,做到在重大问题和关键环节上头脑特别清醒、眼睛特别明亮,善于从一般事务中发现政治问题,善于从倾向性、苗头性问题中发现政治端倪,善于从错综复杂的矛盾关系中把握政治逻辑,坚持政治立场不移、政治方向不偏。①

提高政治判断力,要着重保持清醒政治头脑,识别防范政治风险。正如习近平同志所强调的,"领导干部要有草摇叶响知鹿过、松风一起知虎来、一叶易色而知天下秋的见微知著能力,对潜在的风险有科学预判,知道风险在哪里,表现形式是什么,发展趋势会怎样"②。新形势下,我国面临复杂多变的发展和安全环境,各种可以预见和难以预见的风险因素明显增多,如果得不到及时有效控制也有可能演变为政治风险。习近平同志强调,全党同志特别是各级领导干部必须增强风险意识,提高防范政治风险能力。要不断提高政治敏锐性和政治鉴别力,对容易诱发政治问题特别是重大突发事件的敏感因素、苗头性倾向性问题,做到眼睛亮、见事早、行动快,及时消除各种政治隐患。要加强对各种风险源的调查研判,对各种可能的风险及原因都要心中有数,力争把风险化解在源头,防止非公共性风险扩大为公共性风险、非政治性风险蔓延为政治风险。心怀国之大者,必须增强忧患意识,

---

① 参见《加强政治建设提高政治能力坚守人民情怀 不断提高政治判断力政治领悟力政治执行力》,《人民日报》2020年12月26日。
② 《发扬斗争精神增强斗争本领 为实现"两个一百年"奋斗目标而顽强奋斗》,《人民日报》2019年9月4日。

居安思危，高度重视那些处理不好就会造成严重政治后果的事情。比如，要高度重视军队实战能力，强调一旦发生战事，如果军队在战场上打不赢，就会产生严重的政治后果。强调军事训练实际上是未来战争的预演，来不得半点飘浮和虚假。如果军事训练都成了花架子，真打起来是要付出血的代价的。又如，关于如何看待党的历史问题。正确认识和处理改革开放前后的社会主义实践探索的关系，不只是一个历史问题，更主要的是一个政治问题。这个重大政治问题处理不好，就会产生严重政治后果。还有一些事情，看起来似乎无关政治，但处理不好也会造成政治后果。比如食品安全问题，能不能在保障食品安全上给老百姓一个满意的交代，是对我们党的执政能力的重大考验。正如毛泽东同志1945年在党的七大上所说，"坐在指挥台上，如果什么也看不见，就不能叫领导。坐在指挥台上，只看见地平线上已经出现大量的普遍的东西，那是平平常常的，也不能算领导。只有当着还没有出现大量的明显的东西的时候，当桅杆顶刚刚露出的时候，就能看出这是要发展成为大量的普遍的东西，并能掌握住它，这才叫领导。"①

二、以政治领悟力解决"想明白"的问题

心怀国之大者，必须提高政治领悟力。我们党是以共同理想信念组织起来的马克思主义政党。上下同欲者胜，对党中央关心的重大问题、作出的重大决策、展开的重大部署和交办的重大任务等，全党同志必须心往一处想、劲往一处使。领导干部担的是

---

① 《毛泽东文集》第3卷，人民出版社1996年版，第394—395页。

政治责任，只有提高政治领悟力，对党中央精神深入学习、融会贯通，对党中央的大政方针和决策部署才能领会更透彻，才能时刻关注党中央在关心什么、强调什么，对国之大者了然于胸，学会从中央的高度思考问题、理解政策，自觉坚持用党中央精神来分析形势、推动工作，把贯彻党中央精神体现到谋划重大策略、制定重大政策、部署重大任务、推进重大工作的实践中去，经常对标对表，及时校准偏差，始终在思想上政治上行动上同党中央保持高度一致，工作起来才能更有预见性和主动性。

牢记国之大者，提高政治领悟能力，离不开政治学习、理论学习。首要的、根本的任务是学懂弄通做实习近平新时代中国特色社会主义思想。学得越深、悟得越透，政治领悟力才会越高，才能始终在思想上政治上行动上同以习近平同志为核心的党中央保持高度一致，切实增强做到"两个维护"的政治自觉和政治担当，拥护"两个确立"。只有用习近平新时代中国特色社会主义思想武装头脑，学习好领会好党中央精神和重大决策部署，才能不断提高政治站位。在理论学习上，一是要自觉主动学。中央和国家机关任重事繁，只靠上班时间集中学习是很不够的，必须强化学习自觉，增强学习内生动力，利用业余时间刻苦学习。铢积寸累，日就月将，才能水到渠成、融会贯通。二是要及时跟进学。党中央作出新的决策部署、出台新的文件，都要第一时间学习领会，养成读《人民日报》时政报道和重要评论、看中央电视台新闻联播、读《求是》杂志的习惯，线上线下同步学习，做到学习跟进、认识跟进、行动跟进。三是要联系实际学。弘扬理论联系实际学风，紧密联系思想和工作实际，把研究解决问题作为学习的着眼点，决不能坐而论道、凌空蹈虚。四是要笃信笃行学。要学而信，从渐悟走向顿悟，掌握马克思主义立场观点方法，学出坚定信仰、学出使命担当。要学而行，学以致用、身体力行，把学习成果落实到干好本职工作、推动事业发展上。①

三、以政治执行力解决"干到位"的问题

一分部署，九分落实。是不是心怀国之大者，关键要用实际行动和工作成效来检验。要提高政治执行力，主要解决在政治上"干到位"的问题。心怀国之大者，贵在落实，重在实干。只有坚决与党中央对标对表，不搞象征性执行、选择性执行、低水平执行，才能保证各项决策部署落到实处，推动社会主义事业蓬勃发展。要带头贯彻执行党中央决策部署，在不折不扣执行上下功夫，推动分管领域、分管部门全面深入学习领会党中央的决策和工作部署，对国之大者领悟到位，确保执行不偏向、不变通、不走样。②

政治执行力是政治判断力和政治领悟力的最终体现，同时也是其最终检验标准。政治执行力所蕴含的责任担当和使命感，是党的创造力、凝聚力和战斗力的鲜明体现，也是各项工作保质保量、不打折扣完成的重要保证。政治执行力要求在行动上经常同党中央精神对标对表，切实做到党中央提倡的坚决响应，党中央决定的坚决执行，党中央禁止的坚决不做，坚决维护党中央权威和集中统一领导，做到不掉队、不走偏，不折不扣抓好党中央精神贯彻落实。

---

① 参见习近平：《在中央和国家机关党的建设工作会议上的讲话》，《求是》2019年第21期。

② 参见《弘扬伟大建党精神坚持党的百年奋斗历史经验 增强历史自信增进团结统一 增强斗争精神》，《人民日报》2021年12月29日。

心怀国之大者，就是"责之重者"。提高政治执行力，必须敢于担当。敢于担当作为是我们党对党员干部的基本要求，要有"为官避事平生耻，视死如归社稷心"的精神。在百年艰辛探索中，担当尽责已经成为中国共产党人的传统与优势。特别是在应对困难与挑战时，有没有敢于担当的精神品质，是检验党员党性是否纯洁、思想是否正派、决心是否坚定的重要标准。落实责任担当，不能仅停留在口头上、止步于思想环节，而应该在"知行合一"上求实效。心怀国之大者，不能只是简单地喊口号，而应该从政治上考量、在大局下行动，强化责任担当，狠抓工作落实。强化担当精神，敢啃最硬的骨头、敢挑最重的担子、敢涉最险的滩涂，做立说立行的干将、开创开拓的闯将、敢拼敢打的勇将，用党员干部"辛苦指数"换取人民群众"幸福指数"，以"我将无我"大格局成就"强国有我"大作为。强化责任意识，以"不待扬鞭自奋蹄"的主动性，知责于心、担责于身、履责于行。该做的事，知重负重、攻坚克难，顶着压力也要干；该负的责，挺身而出、冲锋在前，冒着风险也要担。

心怀国之大者的敢于担当，是不计得失、许国奉献的精神。责任担当是党员干部的境界格局和家国情怀的体现，心中有责，才会一心只想着国家和人民，才会不计较个人利益得失，才会不介意职责内外，才会不怕艰难险阻，想方设法攻坚克难。要深怀爱国之心、砥砺报国之志，主动担负起时代赋予的使命责任。要继承和发扬老一辈科学家胸怀祖国、服务人民的优秀品质，心怀国之大者，为国分忧、为国解难、为国尽责。[①]

[①] 参见《深入实施新时代人才强国战略 加快建设世界重要人才中心和创新高地》，《人民日报》2021年9月29日。

提高政治执行力，要善于作为。习近平同志强调，领导干部不仅要有担当的宽肩膀，还得有成事的真本领。① 新时代、新征程，前进之路荆棘遍地，没有干事创业的本领是万万不行的。事有所成，必然是学有所成。因此，要放下架子、扑下身子，虚心向人民群众请教，始终保持如饥似渴的求知、求真态度，不断增强自身的能力本领，克服"本领恐慌"。要强化务实作风，作决策要深入研究、综合分析，全面权衡、科学决断，使决策符合实际情况。还要端正学习态度，不要为"一己私利"而学，要为国之大者而学。当然，能力本领的提升，关键在于"事上练"。因此，要准确把握当前党和国家的斗争形势和任务，在大是大非面前保持头脑清醒，在矛盾面前不退缩、不躲闪，敢于亮剑，在伟大斗争中练就过硬本领，成为行家里手。

提高政治执行力，要有抓落实的毅力。抓落实绝非一朝一夕之功，也非一时一刻能至。再好的工作蓝图，如果不沉心静气狠抓落实，最终也会成为"镜花水月"。不论现实情况如何"乱花渐欲迷人眼"，都必须"咬定青山不放松"，增进把得牢、守得住的政治定力，砥砺狠抓落实、实干苦干的意志作风，确保国之大者原原本本贯彻在工作中。对于党治国理政、安邦定国的原则立场和战略方略，领导干部必须任何时候任何情况下都心知肚明、严格落实。党的十九大报告将"增强狠抓落实本领"视为执政本领，"不忘初心、牢记使命"主题教育将"抓落实"作为总要求之一，党史学习教育将"贯彻落实"当作重要抓手，都充分体现了党抓落实的优良作风与传统。同样，抓落实是新时代最鲜明的导向，

---

① 《切实学懂弄通做实党的十九大精神 努力在新时代开启新征程续写新篇章》，《人民日报》2017 年 10 月 29 日。

一切幸福都只能从实干中来。因此，要发扬钉钉子精神，保持韧劲，一件事接着一件事干，一个节点一个节点往前推，一张蓝图绘到底，不断通过自我革命来推动社会革命，做无愧于时代和人民的答卷人。抓落实要坚持严字当头、实字立身，要以马不离鞍、缰不松手的定力，以抓铁有痕、踏石留印的韧劲，力戒形式主义、官僚主义，坚决防止和纠正落实党中央决策部署不上心、不用力、不务实等问题。

许国奉献精神[①]

"国之大者"，源于人之大者，千千万万中华儿女共同挥就一个大写的中国。

何谓"国之大者"？

回望百年，答案是甘将热血沃中华的视死如归，是敌人枪口下永不消逝的电波，是黎明曙光前走向刑场的义无反顾，是放弃国外优渥条件回来建设新中国的不计得失，是脱贫攻坚战役里扎根山山峁峁的无私奉献……是的，答案就贯穿在中国革命、建设、改革每一个时期，在一代代中华儿女的赓续奋斗中。

这些响亮的名字、光辉的名字、载入史册的名字，总书记一次又一次提起，一次又一次表达敬意。对于为国尽责走向绞刑架的李大钊，"国之大者"是"共产主义在中国必然得到光辉的胜利"的坚定誓言；对于敌人屠刀下的夏明翰，"国之大者"是"砍头不要紧，只要主义真"的雄壮诗篇；对于断肠明志的红34师师长陈树湘，"国之大者"是"寸土千滴红军血"的英勇不屈；对于

[①] 摘编自杜尚泽、邝西曦、林小溪：《总书记心中的"国之大者"》，《人民日报》2021年11月9日。

大格局

抗美援朝志愿军，"国之大者"是毅然决然跨过鸭绿江的"钢少气多"；对于心有大我、至诚报国的黄大年，"国之大者"是"振兴中华，乃我辈之责"的赤子之心；对于身患渐冻症依然奋战抗疫一线的张定宇，"国之大者"是"我必须跑得更快，才能从病毒手里抢回更多病人"的争分夺秒……

通过立法确定中国人民抗日战争胜利纪念日、烈士纪念日，举办国家勋章和国家荣誉称号颁授仪式、"七一勋章"颁授仪式，举行隆重集会纪念红军长征胜利80周年、中国人民志愿军抗美援朝出国作战70周年……以国家的名义，致敬英雄！

"繁霜尽是心头血，洒向千峰秋叶丹。"回望这一路，无数人、无数群体的矢志奋斗，汇聚起了一个民族、一个国家的磅礴之力。前不久召开的中央人才工作会议上，习近平总书记一席话，何尝不是对每一个中华儿女的启迪与激励：

"广大人才要继承和发扬老一辈科学家胸怀祖国、服务人民的优秀品质，心怀'国之大者'，为国分忧、为国解难、为国尽责。"

为国分忧，为国解难，为国尽责，是稻花香里的禾下乘凉梦，是向星辰大海发起的一次次挑战，是耄耋之年奔赴武汉的逆行出征……岁月如碑，铭刻不朽功勋，中国共产党人精神谱系熠熠生辉。

犹记去年金秋的全国抗击新冠肺炎疫情表彰大会。习近平总书记深情重温战"疫"中感动中国的那些话。他特意讲到了青年一代，提起了"90后""00后"："长辈们说：'哪里有什么白衣天使，不过是一群孩子换了一身衣服。'世上没有从天而降的英雄，只有挺身而出的凡人。"

百年风华，史诗奋笔赓续。全面建设社会主义现代化国家、实现中华民族伟大复兴是一场接力跑，煌煌党史，壮歌慷慨！这其中，有一代代人的坚守，一代代人的传承。

第六章
心怀国之大者要厚植为民情怀

不忘初心，方得始终。人民群众是我们党的力量源泉，人民至上是中国共产党的根本立场，也是心怀国之大者的基本价值取向。习近平同志深刻指出："为人民谋幸福，是中国共产党人的初心。我们要时刻不忘这个初心，永远把人民对美好生活的向往作为奋斗目标。"① 坚持一切为了人民，带领全国人民不断创造美好生活，生动诠释了中国共产党人的根本立场，生动诠释了全心全意为人民服务的根本宗旨，生动诠释了新时代中国特色社会主义的根本追求，为新时代国之大者的实现提供了价值指引。

一、人民至上是马克思主义唯物史观的本质体现

如何认识人民群众在历史上的作用，是社会历史观的重大问题。历史唯心主义英雄史观和历史唯物主义群众史观是两种对立的观点。历史唯心主义英雄史观认为，历史是由少数英雄人物创造的，历史演进取决于他们的意志、品格和才能，人民大众则是一群"无知的群氓"，是英雄人物的"盲目追随者"。与历史唯心主义英雄史观不同，历史唯物主义群众史观承认英雄人物在历史上的重要作用，但强调这种杰出个人的作用，只能而且必须建立

---

① 习近平：《在党的十九届一中全会上的讲话》，《求是》2018年第1期。

在人民群众改造世界的主体性作用基础之上，人民才是历史的创造者，是真正的英雄，从而深刻揭示了历史发展和社会进步的根本力量。

马克思主义之所以具有跨越国度、超越时空的真理力量，正是因为它植根人民之中，指明了依靠人民推动历史前进的正确方向。实践观点是马克思主义唯物史观首要的基本观点。历史的必然性形成于人类社会实践活动中，这种必然性虽不能由人随意取消，但它却不能孤立存在于人的实践活动之外。广大人民群众是人类社会赖以存在和发展的物质资料的主要生产者，支撑着人类实践活动的物质基础。作为践行生产方式主体力量的人民群众就是历史发展的主体力量。人民群众首先是通过物质生产活动，并在这个基础上创造了历史、改造了世界。

人民性是马克思主义最鲜明的品格。在人类历史上，马克思主义第一次站在人民的立场探求人类自由解放的道路。马克思恩格斯指出："无产阶级的运动是绝大多数人的，为绝大多数人谋利益的独立的运动。"列宁强调，布尔什维克党是无产阶级的先进部队，要"为千千万万劳动人民"服务，代表他们的利益。毛泽东指出："它最忠实地代表中华民族与中国人民的利益"，"它本身决无私利可图"。习近平同志也反复叮嘱："党的一切工作，必须以最广大人民根本利益为最高标准。检验我们一切工作的成效，最终都要看人民是否真正得到了实惠，人民生活是否真正得到了改善，人民权益是否真正得到了保障。"[①] 可以说，这样一种人民利益观，充分体现了马克思主义政党的人民立场。

[①] 习近平：《在纪念毛泽东同志诞辰 120 周年座谈会上的讲话》，《人民日报》2013 年 12 月 27 日。

半条被子的故事[①]

1934年11月上旬，突破国民党军第二道封锁线后，中央红军在汝城县境内进行了长征半个月来首次较长时间的休整。红军纪律严明，战士们睡在屋檐下、空地里，不仅没有动村民的东西，还帮助村民打扫卫生、挑水等。

因为心疼这些战士，30多岁的村民徐解秀拉了3位女红军住到自己家里。腾出自家那张宽1.2米的木床，垫上稻草，床边架上一条搭脚的长板凳，徐解秀带着1岁的儿子加上女红军们，就这样挤到了一张床上。看到简陋的床铺上仅有一件蓑衣和一条烂棉絮，女红军便拿出她们唯一的行军被，和徐解秀母子一起横盖着。

临走时，怕徐解秀母子寒冬难熬，3位女红军执意把被子留给他们，但徐解秀坚决不同意。推来推去僵持不下，一位女红军索性找来剪刀，把被子剪成两半，留下半条给徐解秀，还留下两句话："红军是共产党领导的人民军队，打敌人是为了老百姓能过上好生活。等革命胜利了，我们还会回来看您的，送您一床新被子。"抱着半条被子，徐解秀含着泪，送了女红军一程又一程。

"什么是共产党？共产党就是自己有一条被子，也要剪下半条给老百姓的人。"徐解秀一直对3位女红军念念不忘，她时常拿上小板凳，坐在村口的滁水河畔，守望红军归来，一等就是50多年，直到去世。

20世纪80年代，"半条被子"的故事经《经济日报》罗开富同志报道后，流传深远，感动了一代又一代人。在纪念红军长征胜利80周年大会上，习近平总书记专门提到了这个故事，他说：

[①] 根据《文汇报》、中央纪委国家监委网站等媒体资料整理。

"同人民风雨同舟、血脉相通、生死与共,是中国共产党和红军取得长征胜利的根本保证,也是我们战胜一切困难和风险的根本保证。"

始终同人民在一起,为人民利益而奋斗,是马克思主义政党同其他政党的根本区别。中国共产党作为马克思主义政党,党性和人民性从来都是一致的、统一的。江山就是人民、人民就是江山,打江山、守江山,守的是人民的心。中国共产党根基在人民、血脉在人民、力量在人民。中国共产党始终代表最广大人民根本利益,没有任何自己特殊的利益,从来不代表任何利益集团、任何权势团体、任何特权阶层的利益。不谋私利才能谋根本、谋大利,才能从党的性质和根本宗旨出发,从人民根本利益出发,全心全意为人民服务。

坚持人民至上,蕴含在中国共产党的性质宗旨中,蕴含在国之大者的实现过程中。习近平同志深刻指出:"我们讲宗旨,讲了很多话,说到底还是为人民服务这句话。"[1] 以人民为中心是中国共产党立党为公、执政为民的生动体现,是全心全意为人民服务根本宗旨的时代彰显。为什么人的问题,是检验一个政党、一个政权性质的试金石。中国共产党从成立之日起,就始终代表最广大人民根本利益,把"人民"二字铭刻在心,与人民休戚与共、生死相依,始终保持同人民群众血肉联系,同人民想在一起、干在一起,把坚持人民利益高于一切鲜明地写在自己的旗帜上。在风雨如磐的革命岁月,党领导人民打土豪、分田地,是为人民根本利益而斗争;领导人民开展抗日战争、赶走日本侵略者,是为

---

[1] 习近平:《在河北省阜平县考察扶贫开发工作时的讲话》,《求是》2021年第4期。

人民根本利益而斗争；领导人民推翻国民党反动统治、建立新中国，是为人民根本利益而斗争。据不完全统计，从1921年至1949年，我们党领导的革命队伍中，仅有名可查的烈士就达370多万人，无数英雄用鲜血和生命践行"为党和人民牺牲一切"的铮铮誓言。在筚路蓝缕的建设时期和春潮澎湃的改革时代，党领导人民开展社会主义革命和建设、改变一穷二白的国家面貌，是为人民根本利益而斗争。领导人民实行改革开放、推进社会主义现代化，同样是为了人民根本利益而斗争。

不忘初心、牢记使命是对共产党员的本质要求。翻开党章，第一章就明确规定，党员必须全心全意为人民服务，不惜牺牲个人的一切，为实现共产主义奋斗终身。一名共产党员不忘初心，很重要的就是时刻不忘党员身份，时刻不忘党章要求。打开党史，一代代共产党人勇往直前以赴之、断头流血以从之、殚精竭力以成之，书写了坚守初心和使命的壮丽篇章。革命战争年代，李大钊、蔡和森、方志敏、杨靖宇、赵一曼、刘胡兰……无数革命先烈以铮铮铁骨守初心，以血肉之躯担使命，为争取民族独立和人民解放前仆后继、抛洒热血。和平建设时期，雷锋、焦裕禄、王进喜、谷文昌、孔繁森、杨善洲、罗阳……无数先锋模范以赤子情怀守初心，以忘我精神担使命，为实现国家富强和人民幸福呕心沥血、无私奉献。

"四有"干部的楷模[①]

谷文昌是河南林县人，1950年随部队南下至福建，在海岛东

[①] 节选自杨振武、牛一兵、余清楚：《"四有"书记谷文昌（时代先锋）》，《人民日报》2015年4月7日。

山县工作了 14 年，担任县委书记 10 年。后来任省林业厅副厅长，"文化大革命"期间曾被下放劳动。凡是他工作和战斗过的地方，只要提起谷文昌，人们都有说不完的敬重、道不完的思念、言不尽的呼唤。

他以"不治服风沙，就让风沙把我埋掉"的胆魄，率领东山人民苦战十几载，遍植木麻黄，筑起绿色长城，硬是治服了"神仙都难治"的风沙，让海岛换了天地，让百姓换了人间。他不仅把"不带私心搞革命，一心一意为人民"写在纸上，立下"不把人民拯救出苦难，共产党来干什么"的誓言，更是大事小情想到群众心底里，干到群众心坎上。他把功成不必在我的"潜绩"，十几年如一日地变成了泽被东山后人的福祉。好日子来到了跟前，共产党走进了人心。他为民高擎一把伞，为民敢扛一片天，对党和人民高度负责，实事求是，敢于担当。解放初把"敌伪家属"改为"兵灾家属"的建议，一项德政，赢得十万民心。他不论肩负重任还是身处逆境，从未忘记党员身份，从未褪去党员底色，从未动摇理想信念。见不得群众受苦受难受委屈，容不得干部不想不干不作为。任何时候、任何境遇，都相信党、相信组织，笃行宗旨。信仰，是从他心里长出来的。

他为官恪守两条原则：只要对百姓有利的事，哪怕排除万难也要做到；凡是对党的威信有害的事，哪怕再小也不能做。"当领导的要先把自己的手洗净，把自己的腰杆挺直！"对权力畏戒，对底线坚守，党性原则永远是个人头上的天。他以心中的"畏"，博得了群众心头的"敬"。心中有党、心中有民、心中有责、心中有戒，谷文昌堪称"四有"干部的楷模。

中国共产党来自人民，为人民而生，因人民而兴。始终与人民有福同享、有难同当，始终与人民同甘共苦、携手并进。我们党紧紧依靠人民，跨过一道又一道沟坎，取得一个又一个胜利。历史和现实雄辩地证明，一个政党，一个政权，其前途命运最终取决于人心向背。人民是我们风雨无阻、高歌行进的根本力量。只有始终与人民心连心、同呼吸、共命运，党才能坚如磐石、行稳致远。2020年全国两会期间，习近平同志在参加内蒙古代表团审议时，专门提到一位湖北省新冠肺炎治愈患者的故事。这是一位87岁的老人，身患多种基础性疾病，入院后医院给他配置了一个治疗专班，全力救治，身边十来个医护人员精心呵护几十天，终于挽救了老人的生命。习近平同志就此动情地说："什么叫人民至上？这么多人围着一个病人转，这真正体现了不惜一切代价。"在湖北，累计治愈80岁以上新冠肺炎患者达3000多人。为了人民，不计成本、不计代价，这就是我们党以人民为中心根本立场的真实写照。

二、国之大者从人民根本利益中来

马克思指出："历史活动是群众的活动"。毛泽东也说："人民，只有人民，才是创造世界历史的动力。"人民既是历史的"剧中人"，也是历史的"剧作者"。归根结底，"国之大者"来源于人民。从"对国之大者要心中有数"到"对'国之大者'了然于胸"，从"让人民生活幸福是'国之大者'"到"保护好青海生态环境，是'国之大者'"，习近平同志论述的国之大者最突出的表现，就是充分反映了最广大人民的根本利益。

回首党的百年历史，在革命、建设、改革的不同历史时期，党为了人民的根本利益而不断斗争。虽然，在过去并没有关于国

大格局

之大者的具体表述,但是人民在不同历史时期的利益诉求,决定了党面临的不同历史任务,事实上也决定了不同历史时期的国之大者。可以说,在党的百年历史上,由于人民根本利益所系,事实上,国之大者始终都存在,我们党也始终为之而不懈奋斗。

新民主主义革命时期,党面临的主要任务是,反对帝国主义、封建主义、官僚资本主义,争取民族独立、人民解放,为实现中华民族伟大复兴创造根本社会条件。在革命斗争中,以毛泽东同志为主要代表的中国共产党人,把马克思列宁主义基本原理同中国具体实际相结合,对经过艰苦探索、付出巨大牺牲积累的一系列独创性经验作了理论概括,开辟了农村包围城市、武装夺取政权的正确革命道路,创立了毛泽东思想,为夺取新民主主义革命胜利指明了正确方向。

党领导人民浴血奋战、百折不挠,创造了新民主主义革命的伟大成就,成立中华人民共和国,实现民族独立、人民解放,彻底结束了旧中国半殖民地半封建社会的历史,彻底结束了极少数剥削者统治广大劳动人民的历史,彻底结束了旧中国一盘散沙的局面,彻底废除了列强强加给中国的不平等条约和帝国主义在中国的一切特权,实现了中国从几千年封建专制政治向人民民主的伟大飞跃,也极大改变了世界政治格局,鼓舞了全世界被压迫民族和被压迫人民争取解放的斗争。

推动全民族团结抗战[①]

1937年7月7日夜,日本侵略军悍然发动卢沟桥事变(七七事变),当地中国驻军奋起抵抗,全民族抗战由此爆发。日本军国

---

① 根据《中国共产党简史》等资料整理。

主义者发动的对华战争，是企图灭亡中国、变中国为其独占殖民地的帝国主义侵略战争。日军在7月底占领北平和天津，接着沿平绥、平汉、津浦三条铁路向华北地区扩大进攻，企图以三个月时间"灭亡中国"。在这生死存亡关头，只有全民族团结抗战才是生存和发展的唯一出路。全民族团结抗战，也就是那个时候的"国之大者"。

中国共产党高举起抗日的大旗，在卢沟桥事变发生第二天就通电全国，号召"全中国同胞，政府，与军队，团结起来，筑成民族统一战线的坚固长城，抵抗日寇的侵掠！""国共两党亲密合作抵抗日寇的新进攻！"同日，毛泽东、朱德、彭德怀等红军领导人致电蒋介石，表示红军将士愿意"为国效命，与敌周旋，以达保土卫国之目的"。为促进国共两党实现团结合作抗日，党中央派周恩来等将《中共中央为公布国共合作宣言》交给蒋介石。9月22日，国民党中央通讯社发表中共中央的宣言；23日，蒋介石发表实际上承认共产党合法地位的谈话。中共中央的宣言和蒋介石谈话的发表，宣告国共两党重新合作和抗日民族统一战线形成。

团结就是力量，团结方能胜利。正是抗日民族统一战线这面旗帜，召唤着全中国的各党各派各界各军，召唤着全中国的工农兵学商，召唤着海内外的华夏儿女，众志成城，同仇敌忾，筑起了中华民族抗击日本侵略者的钢铁长城。

社会主义革命和建设时期，党面临的主要任务是，实现从新民主主义到社会主义的转变，进行社会主义革命，推进社会主义建设，为实现中华民族伟大复兴奠定根本政治前提和制度基础。在这个时期，以毛泽东同志为主要代表的中国共产党人提出关于社会主义建设的一系列重要思想。毛泽东思想是马克思列宁主义在中国的创造性运用和发展，是被实践证明了的关于中国革命和建设的正确的理论原则和经验总结，是马克思主义中国化的第一次历史性飞跃。

党领导人民自力更生、发愤图强，创造了社会主义革命和建设的伟大成就，实现了中华民族有史以来最为广泛而深刻的社会变革，实现了一穷二白、人口众多的东方大国大步迈进社会主义社会的伟大飞跃。我国建立起独立的比较完整的工业体系和国民经济体系，农业生产条件显著改变，教育、科学、文化、卫生、体育事业有很大发展，人民解放军得到壮大和提高，彻底结束了旧中国的屈辱外交。中国共产党和中国人民以英勇顽强的奋斗向世界庄严宣告，中国人民不但善于破坏一个旧世界、也善于建设一个新世界，只有社会主义才能救中国，只有社会主义才能发展中国。

克服困难，研制"两弹一星"[①]

20世纪50年代中期，为了抵御帝国主义的武力威胁和打破大国的核讹诈、核垄断，尽快增强国防实力，保卫和平，以毛泽东同志为核心的党的第一代中央领导集体，根据当时的国际形势，果断地作出了研制"两弹一星"的战略决策。大批优秀的科技工作者，包括许多在国外已经有杰出成就的科学家，怀着对新中国的满腔热爱，义无反顾地投身到这一神圣而伟大的事业中来。1964年10月16日，大漠深处一声巨响，我国第一颗原子弹爆炸成功；1966年10月27日，我国第一颗装有核弹头的地地导弹飞行爆炸成功；1967年6月17日，我国第一颗氢弹空爆试验成功；1970年4月24日，我国第一颗人造卫星发射成功。"两弹一星"的宏伟事

[①] 根据《人民日报》等媒体资料整理。

业，是新中国建设成就的重要象征，是中华民族的荣耀与骄傲。邓小平说："如果60年代以来中国没有原子弹、氢弹，没有发射卫星，中国就不能叫有重要影响的大国，就没有现在这样的国际地位。这些东西反映一个民族的能力，也是一个民族、一个国家兴旺发达的标志。""两弹一星"的宏伟事业，是新中国建设成就的重要象征，是中华民族的荣耀与骄傲，是中国人民创造的非凡的人间奇迹，也是人类文明史上的一个勇攀科技高峰的空前壮举。

改革开放和社会主义现代化建设新时期，党面临的主要任务是，继续探索中国建设社会主义的正确道路，解放和发展社会生产力，使人民摆脱贫困、尽快富裕起来，为实现中华民族伟大复兴提供充满新的活力的体制保证和快速发展的物质条件。党的十一届三中全会以后，以邓小平同志为主要代表的中国共产党人，团结带领全党全国各族人民，深刻总结新中国成立以来正反两方面经验，围绕什么是社会主义、怎样建设社会主义这一根本问题，借鉴世界社会主义历史经验，创立了邓小平理论，解放思想，实事求是，作出把党和国家工作中心转移到经济建设上来、实行改革开放的历史性决策，深刻揭示社会主义本质，确立社会主义初级阶段基本路线，明确提出走自己的路、建设中国特色社会主义，科学回答了建设中国特色社会主义的一系列基本问题，制定了到21世纪中叶分三步走、基本实现社会主义现代化的发展战略，成功开创了中国特色社会主义。在这个时期，党从新的实践和时代特征出发坚持和发展马克思主义，科学回答了建设中国特色社会主义的发展道路、发展阶段、根本任务、发展动力、发展战略、政治保证、祖国统一、外交和国际战略、领导力量和依靠力量等一系列基本问题，形成中国特色社会主义理论体系，实现了马克思主义中国化新的飞跃。

党领导人民解放思想、锐意进取，创造了改革开放和社会主义现代化建设的伟大成就，我国实现了从高度集中的计划经济体制到充满活力的社会主义市场经济体制、从封闭半封闭到全方位开放的历史性转变，实现了从生产力相对落后的状况到经济总量跃居世界第二的历史性突破，实现了人民生活从温饱不足到总体小康、奔向全面小康的历史性跨越，推进了中华民族从站起来到富起来的伟大飞跃。中国共产党和中国人民以英勇顽强的奋斗向世界庄严宣告，改革开放是决定当代中国前途命运的关键一招，中国特色社会主义道路是指引中国发展繁荣的正确道路，中国大踏步赶上了时代。

开启改革开放大幕[①]

粉碎"四人帮"后，党中央采取坚决果断的措施，恢复党和国家正常秩序，人民群众期盼已久的安定的政治局面开始形成。然而，要想短期内消除十年"文化大革命"在政治上思想上造成的严重混乱，并非一件容易的事情。这个时候，世界经济正快速发展，科技进步日新月异。国内外发展大势要求中国共产党尽快就关系党和国家前途命运的大政方针作出政治决断和战略抉择。

在中国向何处去的重大历史关头，1978年12月，党的十一届三中全会在北京召开。全会冲破长期"左"的错误的严重束缚，彻底否定"两个凡是"的错误方针，高度评价关于真理标准问题的讨论，重新确立了党的实事求是的思想路线。全会停止使用"以阶级斗争为纲"的口号，及时地、果断地结束全国范围的揭批

---

① 根据《中国共产党简史》等资料整理。

林彪、"四人帮"的群众运动，决定从 1979 年 1 月起，把全党的工作重点和全国人民的注意力转移到社会主义现代化建设上来，开始实行改革开放。这实现了新中国成立以来党的历史上具有深远意义的伟大转折。

党的十八大以来，中国特色社会主义进入新时代。党面临的主要任务是，实现第一个百年奋斗目标，开启实现第二个百年奋斗目标新征程，朝着实现中华民族伟大复兴的宏伟目标继续前进。党领导人民自信自强、守正创新，创造了新时代中国特色社会主义的伟大成就。以习近平同志为主要代表的中国共产党人，坚持把马克思主义基本原理同中国具体实际相结合、同中华优秀传统文化相结合，坚持毛泽东思想、邓小平理论、"三个代表"重要思想、科学发展观，深刻总结并充分运用党成立以来的历史经验，从新的实际出发，创立了习近平新时代中国特色社会主义思想。习近平新时代中国特色社会主义思想是当代中国马克思主义、21 世纪马克思主义，是中华文化和中国精神的时代精华，实现了马克思主义中国化新的飞跃。党确立习近平同志党中央的核心、全党的核心地位，确立习近平新时代中国特色社会主义思想的指导地位，反映了全党全军全国各族人民共同心愿，对新时代党和国家事业发展、对推进中华民族伟大复兴历史进程具有决定性意义。

以习近平同志为核心的党中央，以伟大的历史主动精神、巨大的政治勇气、强烈的责任担当，统筹国内国际两个大局，贯彻党的基本理论、基本路线、基本方略，统揽伟大斗争、伟大工程、伟大事业、伟大梦想，坚持稳中求进工作总基调，出台一系列重大方针政策，推出一系列重大举措，推进一系列重大工作，战胜一系列重大风险挑战，解决了许多长期想解决而没有解决的难题，办成了许多过去想办而没有办成的大事，推动党和国家事业取得历史性成就、发生历史性变革。

党的十八大以来，在坚持党的全面领导上，党中央权威和集中统一领导得到有力保证，党的领导制度体系不断完善，党的领导方式更加科学，全党思想上更加统一、政治上更加团结、行动上更加一致，党的政治领导力、思想引领力、群众组织力、社会号召力显著增强。在全面从严治党上，党的自我净化、自我完善、自我革新、自我提高能力显著增强，管党治党宽松软状况得到根本扭转，反腐败斗争取得压倒性胜利并全面巩固，党在革命性锻造中更加坚强。在经济建设上，我国经济发展平衡性、协调性、可持续性明显增强，国家经济实力、科技实力、综合国力跃上新台阶，我国经济迈上更高质量、更有效率、更加公平、更可持续、更为安全的发展之路。在全面深化改革开放上，党不断推动全面深化改革向广度和深度进军，中国特色社会主义制度更加成熟更加定型，国家治理体系和治理能力现代化水平不断提高，党和国家事业焕发出新的生机活力。在政治建设上，积极发展全过程人民民主，我国社会主义民主政治制度化、规范化、程序化全面推进，中国特色社会主义政治制度优越性得到更好发挥，生动活泼、安定团结的政治局面得到巩固和发展。在全面依法治国上，中国特色社会主义法治体系不断健全，法治中国建设迈出坚实步伐，党运用法治方式领导和治理国家的能力显著增强。在文化建设上，我国意识形态领域形势发生全局性、根本性转变，全党全国各族人民文化自信明显增强，全社会凝聚力和向心力极大提升，为新时代开创党和国家事业新局面提供了坚强思想保证和强大精神力量。在社会建设上，人民生活全方位改善，社会治理社会化、法治化、智能化、专业化水平大幅度提升，发展了人民安居乐业、社会安定有序的良好局面，续写了社会长期稳定奇迹。在生态文明建设上，党中央以前所未有的力度抓生态文明建设，美丽中国建设迈出重大步伐，我国生态环境保护发生历史性、转折性、全局性变化。在国防和军队建设上，人民军队实现整体性革命性重塑、重整行装再出发，国防实力和经济实力同步提升，人民军队坚决履行新时代使命任务，以顽强斗争精神和实际行动捍卫了国家主权、安全、发展利益。在维护国家安全上，国家安全得到全面加强，经受住了来自政治、经济、意识形态、自然界等方面的风险挑战考验，为党和国家兴旺发达、长治久安提供了有力保证。在坚持"一国两制"和推进祖国统一上，党中央采取一系列标本兼治的举措，坚定落实"爱国者治港""爱国者治澳"，推动香港局势实现由乱到治的重大转折，为推进依法治港治澳、促进"一国两制"实践行稳致远打下了坚实基础；坚持一个中国原则和"九二共识"，坚决反对"台独"分裂行径，坚决反对外部势力干涉，牢牢把握两岸关系主导权和主动权。在外交工作上，中国特色大国外交全面推进，构建人类命运共同体成为引领时代潮流和人类前进方向的鲜明旗帜，我国外交在世界大变局中开创新局、在世界乱局中化危为机，我国国际影响力、感召力、塑造力显著提升。中国共产党和中国人民以英勇顽强的奋斗向世界庄严宣告，中华民族迎来了从站起来、富起来到强起来的伟大飞跃。

完成消除绝对贫困的艰巨任务①

贫困是人类社会的顽疾。反贫困始终是古今中外治国安邦的一件大事。一部中国史，就是一部中华民族同贫困作斗争的历史。

---

① 根据习近平同志在全国脱贫攻坚总结表彰大会上的讲话等资料整理。

大格局

消除贫困、改善民生、实现共同富裕，是社会主义的本质要求，是我们党的重要使命。自成立之日起，我们党就确立了为天下劳苦人民谋幸福的目标，进行了艰苦卓绝的斗争。新中国成立特别是改革开放以来，我们党带领人民持续向贫困宣战。党的十八大以来，党中央旗帜鲜明提出，全面建成小康社会最艰巨最繁重的任务在农村特别是在贫困地区，没有农村的小康，特别是没有贫困地区的小康，就没有全面建成小康社会；强调贫穷不是社会主义，如果贫困地区长期贫困，面貌长期得不到改变，群众生活水平长期得不到明显提高，那就没有体现我国社会主义制度的优越性，那也不是社会主义，必须时不我待抓好脱贫攻坚工作。2012年底，党的十八大召开后不久，党中央就突出强调，"小康不小康，关键看老乡，关键在贫困的老乡能不能脱贫"，承诺"决不能落下一个贫困地区、一个贫困群众"，从此拉开了新时代脱贫攻坚的序幕。2013年，党中央提出精准扶贫理念，创新扶贫工作机制。2015年，党中央召开扶贫开发工作会议，提出实现脱贫攻坚目标的总体要求，实行扶持对象、项目安排、资金使用、措施到户、因村派人、脱贫成效"六个精准"，实行发展生产、易地搬迁、生态补偿、发展教育、社会保障兜底"五个一批"，发出打赢脱贫攻坚战的总攻令。2017年，党的十九大把精准脱贫作为三大攻坚战之一进行全面部署，锚定全面建成小康社会目标，聚力攻克深度贫困堡垒，决战决胜脱贫攻坚。2020年，为有力应对新冠肺炎疫情和特大洪涝灾情带来的影响，党中央要求全党全国以更大的决心、更强的力度，做好"加试题"、打好收官战，信心百倍向着脱贫攻坚的最后胜利进军。8年来，党中央把脱贫攻坚摆在治国理政的突出位置，把脱贫攻坚作为全面建成小康社会的底线任务，组织开展了声势浩大的脱贫攻坚人民战争。

在迎来中国共产党成立100周年的重要时刻，我国脱贫攻坚战取得了全面胜利，现行标准下9899万农村贫困人口全部脱贫，832个贫困县全部摘帽，12.8万个贫困村全部出列，区域性整体贫困得到解决，完成了消除绝对贫困的艰巨任务，创造了又一个彪炳史册的人间奇迹。

打赢脱贫攻坚战，也为全球减贫治理提供了中国智慧和中国方案。当前，消除贫困依然是当今世界面临的最大全球性挑战，实现全球减贫目标任重道远。中国一直是世界减贫事业的积极倡导者和有力推动者，在长期实践探索中，成功走出了一条中国特色减贫之路。这条道路凝结着中国推进精准扶贫精准脱贫的独特智慧和制度成果，为国际减贫治理特别是推动广大发展中国家加快摆脱贫困的进程提供了借鉴。

百年征程波澜壮阔，百年初心历久弥坚。国之大者在不同历史时期有不同的核心内涵，但是都直接来源于人民在不同历史时期的利益诉求，反映在中国共产党人的初心使命中。这就是一代代中国共产党人的国之大者，是百年奋斗的历史回响。党的十九届六中全会审议通过的《中共中央关于党的百年奋斗重大成就和历史经验的决议》指出：“党中央要求党的领导干部提高政治判断力、政治领悟力、政治执行力，胸怀'国之大者'，对党忠诚、听党指挥、为党尽责。”国之大者关乎发展全局、事业根本，必须着眼最广大人民的根本利益。

三、国之大者依靠人民实现，由人民检验

人民是中国共产党领导和执政的力量源泉，是决定党和国家

前途命运的根本力量。历史唯物主义基本原理告诉我们，离开了人民，我们就会一事无成。最了解实际情况的，是人民群众；最大的依靠力量，也是人民群众。坚持人民主体地位，充分调动人民积极性，始终是我们党立于不败之地的强大根基。中国共产党之所以能够发展壮大，我们的事业之所以能够不断前进，正是因为依靠了人民。人民群众有着无尽的智慧和力量。无论遇到任何困难和挑战，只要有人民支持和参与，就没有克服不了的困难，就没有越不过去的坎，就没有完成不了的任务。充分尊重人民所表达的意愿、所创造的经验、所拥有的权利、所发挥的作用，自觉拜人民为师，向能者求教，向智者问策，始终依靠人民，是国之大者顺利实现的关键。

依靠人民实现国之大者，必须践行群众路线。坚持群众路线，核心的问题是党要始终保持同人民群众的血肉联系，一刻也不脱离群众。党的最大政治优势是密切联系群众，党执政后的最大危险是脱离群众。能否保持党同人民群众的血肉联系，决定着党的事业的成败。群众路线是我们党始终坚持的根本工作方法。党的领导工作的正确方法，就是将群众意见集中起来形成正确的决策，又到群众中宣传解释，将决策化为群众的行动，并在群众实践中检验这些决策是否正确。心怀国之大者，坚持走群众路线，绝不是喊喊口号走走过场，而是要诚心诚意、实打实做。要善于通过提出并贯彻正确的理论和路线方针政策带领人民前进，善于从人民的实践创造和发展要求中完善政策主张，善于从群众中寻找解决问题的方案和办法，使作出的决策和决策的执行充分体现民心民意。贯彻党的群众路线，"知"是基础、是前提，"行"是重点、是关键。必须以知促行、以行促知，做到知行合一，既解决认识提高问题，又解决行动自觉问题，使群众路线落地稳、扎根深，融入国之大者推进全过程。

群众路线与调查研究[①]

实现国之大者，开展调查研究必不可少。调查研究是深入基层、深入群众、深入实际了解客观真实情况，实现科学决策、民主决策的重要工作方法，也是践行群众路线、转变干部作风、真正做到从群众中来到群众中去的重要途径。重视和善于调查研究，是我们党薪火相传的优良作风和传统，这在毛泽东等老一辈革命家身上得到了充分体现。

以毛泽东为例，他一生对调查研究极其重视，认为"调查研究极为重要"，并给我们留下了许多影响深远的著名论断，如"没有调查，没有发言权""做领导工作的人要依靠自己亲身的调查研究去解决问题""调查就像'十月怀胎'，解决问题就像'一朝分娩'。调查就是解决问题""凡是没有办法的时候，就去调查研究""要有正确的措施，就要做调查研究工作""没有调查研究，是不能产生正确的具体政策的""今天需要我们调查，将来我们的儿子、孙子，也要作调查，然后，才能不断地认识新的事物，获得新的知识"等。可以说，我们党的调查研究传统和作风，是在毛泽东的倡导下形成和发展起来的。仅在20世纪二三十年代的土地革命时期，毛泽东就在农村专门做过十几个系统的调查。毛泽东早期留下的大量详尽的调查笔录和他自己整理的调查报告，是我们党的一笔巨大的财富。这些调查报告，长的达几万字，短的不足2000字。他写的《寻乌调查》，就有8万多字。到了延安时期，正是伴随着调查研究和解决问题的步伐，毛泽东思想走向成熟。

---

① 根据《学习时报》等媒体资料整理。

大格局

为了引导全党搞好调查研究，毛泽东花了几年工夫，尽其所有搜集了自己以往有关农村调查的一些报告，编印了《农村调查》一书，其目的是"为了帮助同志们找一个研究问题的方法"。20世纪50年代开展"十大关系"调查，开始全面探索社会主义建设规律，提出调研材料不要"枯燥无味、千篇一律"，要"有骨有肉，生动活泼"。20世纪60年代多次倡导全党"大兴调查研究之风"，要求领导干部"没有把握就不要下决心"。在他的号召下，20世纪60年代初，中央领导同志带头深入基层搞调查，留下了许多调查研究的精彩篇章，这对于摸清经济社会各方面实情，作出实事求是的正确调整，克服严重困难，起到了非常重要的作用。

时代是出卷人，我们是答卷人，人民是阅卷人。人民是我们党的工作的最高裁决者和最终评判者。党的执政水平和执政成效都不是由自己说了算，国之大者的实现与否，必须而且只能由人民来评判，最终都要看人民是否真正得到了实惠，人民生活是否真正得到了改善，人民权益是否真正得到了保障。在新时代，我们面临的挑战和问题依然严峻复杂，党面临的"赶考"远未结束。推进国之大者，开展各项工作，要坚持把人民拥护不拥护、赞成不赞成、高兴不高兴、答应不答应作为衡量一切工作得失的根本标准，努力向历史、向人民交出新的更加优异的答卷。

追求美好生活是永恒的主题，是永远的进行时。当前，我国社会主要矛盾已经转化为人民日益增长的美好生活需要和不平衡不充分的发展之间的矛盾。人民对美好生活的向往更加强烈，期盼有更好的教育、更稳定的工作、更满意的收入、更可靠的社会保障、更高水平的医疗卫生服务、更舒适的居住条件、更优美的环境、更丰富的精神文化生活。同时，城乡区域发展和收入分配差距依然较大，人民群众基本生活需求方面还存在一些亟待补齐的短板，老百姓看病难、上学难、就业难、住房难等操心事、烦心事、揪心事依然存在。人民对美好生活的向往与现实之间还存在差距，还远没有达到充分满足的地步。以前我们要解决"有没有"的问题，现在则要解决"好不好"的问题。我们必须更加自觉、更加坚定地将人民对美好生活的向往作为奋斗目标，不断提高人民群众获得感、幸福感、安全感，推动人民生活水平实现历史性跨越。

实现国之大者，真正让人民生活幸福，要求我们始终以百姓心为心，增强解决发展不平衡不充分问题的针对性，更好满足人民对美好生活的向往。满足人民对美好生活的向往，关键要靠发展。发展是解决一切问题的总钥匙。没有发展，一切都无从谈起；没有扎扎实实的发展成果，美好生活就是空中楼阁。对国之大者心中有数，必须坚持在发展中保障和改善民生，集中精力把经济建设搞上去、把人民生活搞上去，解决人民最关心最直接最现实的利益问题，解决群众急难愁盼的问题。必须始终同人民想在一起、干在一起，敢于担当、善于作为，毫不动摇走高质量发展之路，着力解决发展不平衡不充分的问题，在更高水平上更好满足人民日益增长的美好生活需要。如此，我们就一定能够让老百姓的日子越过越和美、越过越幸福。

让人民生活幸福这个国之大者的实现，要求我们必须在全体人民共同富裕上取得更为明显的实质性进展。共同富裕是社会主义的本质要求，是中国式现代化的重要特征。共同富裕具有鲜明的时代特征和中国特色，是全体人民通过辛勤劳动和相互帮助，普遍达到生活富裕富足、精神自信自强、环境宜居宜业、社会和谐和睦、公共服务普及普惠，实现人的全面发展和社会全面进步，共享改革发展成果和幸福美好生活。实现共同富裕不仅是经济问题，而且是关系党的执政基础的重大政治问题。正如习近平同志所强调的，我们追求的发展是造福人民的发展，我们追求的富裕是全体人民共同富裕。

浙江：先行探索共同富裕[①]

2021年6月，《中共中央 国务院关于支持浙江高质量发展建设共同富裕示范区的意见》正式公布，浙江在全国先行探索高质量发展建设共同富裕示范区。

当前，我国发展不平衡不充分问题仍然突出，城乡区域发展和收入分配差距较大，各地区推动共同富裕的基础和条件不尽相同。促进全体人民共同富裕是一项长期艰巨的任务，需要选取部分地区先行先试、作出示范。浙江是城乡区域发展最均衡、民众最富裕、社会活力最强、社会秩序最优的省份之一，在探索解决发展不平衡不充分问题方面取得了明显成效，具备开展共同富裕示范区建设的基础和优势，为浙江共同富裕先行示范打下了坚实基础。数据显示，2020年，浙江人均生产总值超过10万元，城乡居民收入分别连续20年和36年居全国各省区第一位。浙江城乡居民收入倍差为1.96，远低于全国的2.56，是全国唯一一个所有设区市居民收入都超过全国平均水平的省份，这为实现共同富裕提供了物质基础。同时，浙江有平原、盆地、海岛、丘陵等各种地貌，所谓"七山一水二分田"，从城乡看，既有城市也有农村，农

---

① 根据《中共中央 国务院关于支持浙江高质量发展建设共同富裕示范区的意见》等资料整理。

村户籍人口占了一半。浙江省情具备开展示范区建设的代表性。

支持浙江高质量发展建设共同富裕示范区，有利于通过实践进一步丰富共同富裕的思想内涵，有利于探索破解新时代社会主要矛盾的有效途径，有利于为全国推动共同富裕提供省域范例，有利于打造新时代全面展示中国特色社会主义制度优越性的重要窗口。

实现国之大者，必须把促进全体人民共同富裕摆在更加重要的位置，在做大"蛋糕"的同时分好"蛋糕"，着力推进全民共享、全面共享、共建共享、渐进共享，向着这个目标更加积极有为地努力。逐步实现共同富裕，需要在秉持全民共享、全面共享、共建共享、渐进共享原则的基础上，坚持尽力而为、量力而行，统筹推进各相关领域的建设，形成可持续发展的长效机制。要深入研究不同阶段的目标，分阶段促进共同富裕：到"十四五"末，全体人民共同富裕迈出坚实步伐，居民收入和实际消费水平差距逐步缩小。到2035年，全体人民共同富裕取得更为明显的实质性进展，基本公共服务实现均等化。到本世纪中叶，全体人民共同富裕基本实现，居民收入和实际消费水平差距缩小到合理区间。要坚持以人民为中心的发展思想，在高质量发展中促进共同富裕，正确处理效率和公平的关系，构建初次分配、再分配、三次分配协调配套的基础性制度安排，加大税收、社保、转移支付等调节力度并提高精准性，扩大中等收入群体比重，增加低收入群体收入，合理调节高收入，取缔非法收入，形成中间大、两头小的橄榄型分配结构，促进社会公平正义，促进人的全面发展，使全体人民朝着共同富裕目标扎实迈进。

共同富裕的逐步实现是一个系统工程。我国正处于并将长期处于社会主义初级阶段，我们不能做超越阶段的事情。必须看到，我国发展水平离发达国家还有很大差距。要统筹需要和可能，把保障和改善民生建立在经济发展和财力可持续的基础之上，不要好高骛远，吊高胃口，作兑现不了的承诺。政府不能什么都包，重点是加强基础性、普惠性、兜底性民生保障建设。即使将来发展水平更高、财力更雄厚了，也不能提过高的目标、搞过头的保障，坚决防止落入"福利主义"养懒汉的陷阱。当然，也不是说在逐步实现共同富裕方面就无所作为，而是要根据现有条件把能做的事情尽量做起来，积小胜为大胜，不断实现共同富裕上的实质性进展，最终为实现"让人民生活幸福"的国之大者打下坚实基础。

第七章
心怀国之大者要提高科学决策水平

政策和策略是党的生命。大格局、大胸怀能否最终转化为管理行为、实际行动，还取决于相关政策的有效制定和实施。习近平同志多次强调国之大者，尤其是在庆祝中国共产党成立100周年大会讲话中将牢记"国之大者"与增强"四个意识"、坚定"四个自信"、做到"两个维护"并列，为国之大者相关政策注入了特殊重要的政治地位和政策优先级。各地方、各部门应在党中央确定的国之大者顶层设计和政策框架下，制定科学的地方和行业政策，提高政策执行力，加强评估与监督，构建起一条系统的国之大者全生命周期政策链（包含决策链、执行链、评估监督链），更好地把心怀国之大者的思想认识转化为实际行动，防止出现国之大者仅停留在口号上的不良现象。

一、推进国之大者相关政策的科学制定

政策制定是政策过程的首要环节。"好的开始等于成功的一半。"科学的政策制定意味着政策全过程有良好的开端。对于国之大者涉及的大事要事，在中央顶层设计下，各地区、各部门应坚持科学决策、民主决策、依法决策原则，制定有效的配套政策、执行政策，强化科学有效的政策供给，确保国之大者相关政策实现科学制定，为后续的政策制定奠定良好的基础。作为国之大者

的执行者，各地区、各部门如果缺少科学有效的政策供给，国之大者涉及的大事要事就难以在地方和行业落地生根，心怀国之大者的思想认识就可能停留于纸面上，难以落实到行动之中。从领导干部作决策角度理解和分析国之大者的决策意蕴、决策路径，是实现心怀国之大者的首要、紧要关口。

（一）优先列入决策议程

国之大者在决策议程和政策议程设置中具有优先性。中国共产党是世界上最大的政党，中国是超大规模国家，党和国家在政治和公共生活中具有多种层次的公共事务。从事务的类型和范围划分，政策制定所针对的公共事务分为多种类型，包括村级公共事务、县级公共事务、地级公共事务、省级公共事务、国家公共事务。国之大者是关乎党和国家最重要的利益，关乎为中国人民谋幸福、为中华民族谋复兴的方向性、全局性、战略性的大事要事。从内涵上看，国之大者是我国国家事务和公共事务中最重要的事务类型。一方面，国之大者是国家发展中的国家整体性事务，村级公共事务、县级公共事务、地级公共事务、省级公共事务等都是国家发展中的地区性、局部性事务。按照局部与整体关系，局部必须服务于整体，地区性、行业性事务必须服务于国家事务、服务于国之大者。另一方面，国之大者是党中央确定和部署的决策事务。按照民主集中制原则中的"四个服从"[①]，下级组织必须服从中央的决策。各地区、各部门的领导干部把自身所从事的事务置于国之大者之下、服务于国之大者，是落实民主集中制的

[①] 民主集中制中的"四个服从"是指：党员个人服从党的组织，少数服从多数，下级组织服从上级组织，全党各个组织和全体党员服从党的全国代表大会和中央委员会。

必然要求。

  作为政策制定的初始环节和步骤，各级党委、政府的政策议程设置必须把国之大者相关事务列入决策制定和政策制定的最优先议程。公共政策理论认为，公共事务必须首先纳入政策议程，才能进入决策程序。现实社会中，并非所有的公共事务都能够纳入政策议程，公共事务纳入政策议程需要具备一定的条件，也面临一些障碍。作为决策者，领导干部应勇于担当，分清主次，把国之大者相关事务纳入政策和决策议程。习近平同志在2020年秋季学期中央党校（国家行政学院）中青年干部培训班开班式上的讲话中指出，领导干部想问题、作决策，一定要对国之大者心中有数。在政策议程设置环节，做到国之大者心中有数，就是在牢记国之大者基础上，积极推动国之大者相关事务进入政策议程和决策议程，为有效实行和实施国之大者相关事务奠定坚实的基础。

  及时把国之大者相关事务纳入政策和决策议程，防止出现决策拖延现象，贻误时机。公共事务政策议程设置、决策议程设置都受到时间和机会条件的限制。在解释公共事务为什么能够纳入政策议程时，政策多源流理论认为，政治流、问题流、政策流等基本要素在一定时间和机会条件下汇聚在一起，才能打开"政策之窗"，即公共事务纳入政策议程依赖于"政策之窗"打开的恰当时间和机会。作为特殊的公共事务，将国之大者相关事务纳入决策议程也需要把握恰当的时间和机会。如果发生拖延、贻误，错过最佳的决策议程设置时机，必然会造成严重的政策后果。2014年秦岭违建别墅案例中暴露的忽视国之大者的教训是深刻的。从时间上看，2014年5月13日，习近平同志作出第一次批示，要求陕西省委、省政府关注秦岭北麓西安段圈地建别墅问题，但西安市直到20多天后的6月10日才成立调查组。不能有效分清各类事务的轻重缓急，必然会影响国之大者相关事务的有效实施。

科学有效地把国之大者相关事务纳入政策和决策议程，防止出现消极决策，降低决策质量。公共政策议程的确立按照来源不同分为外在创始型、动员型、内在创始型等。不同于其他公共事务列入政策议程过程，国之大者相关事务纳入政策和决策议程本质上是内在创始型的议程设置模式。在党中央确定国之大者大事要事基础上，各级党委、政府应积极主动作为，上下接力，实现国之大者大事要事高质量列入政策议程，实现中央决策部署有效落地。同样是2014年秦岭违建别墅案例，暴露出对国之大者消极决策的情形。针对违建问题，2014年10月13日，习近平同志作出第二次重要批示，但陕西省和西安市还是没有引起真正重视。从2015年2月到2018年4月，习近平同志针对秦岭违建别墅问题又作过三次重要批示指示，但陕西省和西安市仍然没有做到总书记要求的"不彻底解决、绝不放手"。这些教训表明，对于国之大者大事要事，各级党委、政府应高度重视，在政策和决策议程中优先安排、重点研究，确保这些事务的决策议程得到科学有效设置。

持续地把国之大者相关事务纳入政策和决策议程，持续分配注意力，防止出现政策短期行为。作为国家公共事务中的大事要事，国之大者具有长期性和全局性，这就需要领导干部长期关注，保持议程设置的连续性和持久性。在当前信息爆炸的时代，宝贵的资源不是信息，而是注意力。[①] 从心理学的角度看，在多任务和多目标场景下，领导干部对特定公共事务的注意力分配是有限的。对于特定的公共事务，只有分配足够和持续的注意力，这些事务

---

① 参见练宏：《注意力分配——基于跨学科视角的理论述评》，《社会学研究》2015年第30期。

才能持续有效地被纳入政策议程。把国之大者相关事务持续纳入政策和决策议程，领导干部个体层面应赋予国之大者相关事务持续和足够的注意力，对国之大者相关事务给予持续的高度重视。从我国治理方式看，领导高度重视是一种科层运作的注意力分配方式。①

（二）设计和规划决策方案

在党中央确定的国之大者大事要事之下，各地区、各部门还需要科学制定落实这些事务的具体政策。虽然是具有执行性质的政策制定，但也需要遵循决策的科学程序和科学决策原则，确保实现科学决策。设计和规划决策方案是公共事务列入政策议程之后的重要环节。

从全局角度设计和规划决策方案。在公共政策体系之中，国之大者不仅具有优先性，还具有全局性、战略性。在政策方案设计和规划阶段，必须贯彻和落实全局性、战略性理念。习近平同志在2020年秋季学期中央党校（国家行政学院）中青年干部培训班开班式上的讲话中指出，多打"大算盘"、算"大账"，少打"小算盘"、算"小账"，善于把地区和部门的工作融入党和国家事业大棋局，做到既为一域争光、更为全局添彩。一方面，决策方案要紧扣国之大者所追求和指向的目标。各地区、各部门要从地区和行业实际出发，制定具有特色的政策，这些政策的根本归属点是落实国之大者，因此，政策方案不能与国之大者所追求和指向的目标方向相冲突。另一方面，决策方案之间要做到协调配合，

---

① 参见庞明礼：《领导高度重视：一种科层运作的注意力分配方式》，《中国行政管理》2019年第4期。

实现"1+1>2"的政策效果,为全局政策制定增光添彩。

科学设计和规划决策方案。在落实和执行国之大者过程中,应科学设计和规划决策方案。应设计和规划多个决策和执行方案,为方案抉择和科学决策提供基础。管理决策过程往往会发生霍布森选择效应①,出现仅有一个甚至没有决策方案的非科学决策情形。领导干部应立足国之大者的出发点,结合自身职能定位和实际,科学设计多个决策方案,避免出现霍布森选择效应。发扬调查研究的优良传统,既通过调查研究掌握实际情况,又通过调查研究设计、规范多个决策方案。我国政策过程是一个"上下来去"的过程,体现在政策制定过程阶段,主要表现为从群众中来、到群众中去。② 在众多的大事要事中,让人民生活幸福的国之大者多数属于民生政策领域。在民生政策制定过程中,必须广泛发扬民主,强化公众参与,集中民意,把公众的民生诉求和需求有效转化为科学的政策方案。党的十八届四中全会提出,要健全依法决策机制,把公众参与、专家论证、风险评估、合法性审查、集体讨论决定确定为重大行政决策法定程序。对于重大行政决策,在集体讨论进行方案决策之前,应强化公众参与,根据公众参与的意见和建议,及时优化决策方案。在落实和执行国之大者时,还应强化专家论证,发挥专家在决策方案设计中的积极作用。比如,在生态环保等相对专业化的国之大者领域,应强化专家对决策方案的科学论证,提高决策方案的科学化水平。现实中,专家论证在科学决策中发挥作用还不太理想,主要表现为专家论证多数在

---

① 英国剑桥商人霍布森在贩马时,喜欢把所有马匹都放出来供顾客挑选,但他会附加一个条件:只允许顾客挑选最靠近门边的那匹马。显然,这种附加条件实际上告诉顾客没有选择。这种没有选择余地的所谓选择被人们讥讽为"霍布森选择效应"。

② 参见宁骚主编:《公共政策学(第三版)》,高等教育出版社2016年版,第257页。

决策方案形成之后，专家论证往往变为"专家背书"。鉴于此，在国之大者的落实和执行方案设计中，应把专家论证前置，强化对方案设计环节的咨询和把关，防止专家论证出现走形式、做样子的不良现象。

（三）科学选择决策方案

坚持以人民为中心的价值取向进行决策方案选择。以人民为中心是党的根本政治立场。在制定政策过程中，在中央决策部署的总体框架内，要始终坚持以人民为中心的价值取向，进行国之大者相关事务的决策与选择。尤其是在事关人民幸福的相关决策上，在中央的统一部署下，各地区、各部门要坚持以人民为中心的价值取向，换位思考，从人民群众的角度思考问题，确保民生领域政策与改革取得实效。以浙江省"最多跑一次"改革为例，在全国推进放管服改革的大背景下，浙江省坚持换位思考，从群众办事角度思考和分析改革，提出了"最多跑一次"改革。经过2016年以来的长期实践，"最多跑一次"改革在方便企业和群众办事上取得了实效，得到中央的肯定和认可，中央全面深化改革委员会办公室建议向全国复制推广。"最多跑一次"改革之所以能够取得显著成效，一个重要的经验在于理念上坚持换位思考，从群众办事角度思考改革。

坚持实事求是，一切从实际出发，科学选择决策方案。实事求是，一切从实际出发，是科学设计方案和科学选择方案的基本要求。任何脱离实际、不尊重客观规律的决策必然会导致决策失误，造成严重的经济社会后果。实事求是，一切从实际出发，也是当前领导干部增强党性的基本要求。习近平同志在2021年秋季学期中央党校（国家行政学院）中青年干部培训班开班式上发表讲话指出，从当前干部队伍实际看，坚持实事求是最需要解决的是党性问题。干部是不是实事求是可以从很多方面来看，最根本的要看是不是讲真话、讲实话，是不是干实事、求实效。在设计和选择决策方案中，要坚持讲真话、讲实话、干实事、求实效的原则，用优良的作风保障和实现科学决策。

坚持科学的决策程序进行方案选择。民主集中制既是党的根本组织原则，也是宪法规定的国家机构的原则。国之大者是事关人民幸福、事关民族复兴、事关党和国家前途命运的大事要事。对于落实和执行这些事务，党政机关在方案决策过程中，要坚持民主集中制原则，按照程序进行决策。一方面，在方案选择前，开展风险评估、专家论证、合法性审查后，提交集体讨论决定。尤其是对于涉及群众切身利益的重大公共决策和重大项目，要开展风险评估，防控和管理决策可能产生的社会稳定风险、舆情风险和其他各类风险。另一方面，在方案决策后，根据情况及时推进决策信息公开，进行决策说明。毛泽东曾指出："根据经验，任何政策，如果只作简单的说明，而不作系统的说明，即不能动员党与群众，从事正确的实践。"① 除涉及国家秘密外的大事要事决策信息公开，做好相关解释和说明，有利于进一步凝聚社会共识，增强社会对国之大者相关事务和政策的接受度，提高国之大者决策事项的执行力。

二、提高心怀国之大者的政策执行力

一分部署，九分落实。心怀国之大者从思想认识到转化为行

---

① 中央档案馆编：《中共中央文件选集第十七册（一九四八）》，中共中央党校出版社1992年版，第81页。

动、付诸实施还必须强化执行。从政策过程角度看，执行是政策生命周期的"最后一公里"，对于政策效果的影响具有举足轻重的地位和作用。对于国家公共事务中的大事要事，必须强化执行，提高政策执行力，推动国之大者最终落地见效。

（一）加强政策执行系统建设

加强相关执行机构建设。通过2018年深化党和国家机构改革，我国国家治理体系完成了系统性重塑，党的领导力、政府执行力、武装力量战斗力、群团组织活力得到系统性增强。在我国机构体系中，政府及其机构承担着主要的执行任务，是主要的制度执行者、政策执行者。党的十九届四中全会明确要求：健全强有力的行政执行系统，提高政府执行力和公信力。针对国之大者所涉及的大事要事，提高执行力，首先，应推进相关的行政执行系统和机构建设。明确机构所承担的国之大者大事要事职责，减少职责交叉重叠，分清主次职责关系，配强相关执行机构。其次，在机构优化进程中，把国之大者所涉及的大事要事作为机构调整和职能完善的最优先考虑因素进行安排和布局。最后，探索和建立一批专门从事国之大者大事要事政策执行的专业化执行机构。由于国之大者大事要事的特殊重要性，在执行机构建设上应给予特别考虑。发达国家中央政府除实行组成部门或内阁部门大部制外，还在政府及其部门下面设立了数量众多的专业化执行机构，专门推进特定领域的政策执行。比如，英国中央政府专业化执行局有80多个。[①] 针对国之大者所涉及的大事要事，建设专业化执行机

---

① 参见车雷：《英国执行局化改革之二十年：回顾与启示》，《行政法学研究》2013年第3期。

构，可以从专业化领域开始试点和推进。比如，对于保护秦岭生态环境、保护青海生态环境等问题，可以建立专门的生态环境保护和监测机构，专业化推进这些领域的政策执行。

构建清晰明确的政策执行目标体系、责任体系。政策执行的目标越明确，政策执行机构执行效果就越好；反之，政策执行的目标越模糊，政策执行效果就越差。政策执行失效的许多教训表明，政策目标和界限的明确性起着重要作用。关于政策执行，毛泽东曾指出："无论做什么事，凡关涉群众的，都应有界限分明的政策。我感觉各地所犯的许多错误，主要的（坏人捣乱一项原因不是主要的）是由于领导机关所规定的政策缺乏明确性，未将许可做的事和不许可做的事公开明确地分清界限。"① 一方面，对于国之大者相关政策执行，应按照顶层设计和总体要求，自上而下地分解政策执行目标，构建起清晰明确的国之大者政策执行目标体系。如果国之大者相关政策执行不明确或者出现混乱，政策执行系统就可能出现内耗，一个部门的政策执行业绩为另外一个部门制造执行任务，进而影响整体政策效果。另一方面，基于机构职能和职责，构建清晰明确的国之大者政策执行目标责任体系，确保任何清晰明确的执行目标都有相应的执行机构负责推进，不出现执行责任的"空白地带"。

建设强有力的执行信息系统和咨询系统。随着互联网、大数据等信息技术的深入发展，政策执行相比以往有了更加坚强有力的信息化技术工具。许多传统公共政策在依托信息技术工具之后，政策执行的有效性大大提升。首先，针对国之大者所涉及的大事要事，建立健全其政策执行的信息系统，提高相关领域政策执行

---

① 《毛泽东文集》第5卷，人民出版社1996年版，第74页。

的信息化、数字化水平。其次，加强信息系统的整合和利用，从国之大者所涉及的大事要事出发，打通已有的条线信息系统、条块信息系统，促进条块信息共享，避免信息系统建设出现重复和浪费。再次，结合国之大者政策执行的重点任务，开发重点的应用场景。从国之大者相关政策执行需求出发，尤其是重点要从人民幸福生活的实际需求出发，建立清单管理制度，开发具有整体性、全局性的跨地区跨部门应用场景。最后，建立国之大者相关政策执行的咨询系统。依托中国特色社会主义新型智库、国家高端智库单位，建立专门的委托机制，创新课题管理机制，强化国之大者相关事务和政策的咨询研究。

（二）建立健全执行机制

建立健全国之大者相关政策执行的组织协调机制。国之大者所涉及的大事要事往往超越党政机关部门化设置模式下单个部门的职责范围，具有跨部门、跨地区的整体性、系统性和协同性特征。这就要求在执行机制上建立健全组织协调机制，促进跨地区、跨部门执行机构之间的有效沟通和交流。首先，基于党委、政府议事协调机制，建立健全党政主要领导牵头的国之大者相关政策执行议事协调机制。运用党政主要领导的行政权威，打通政策执行在部门之间、地区之间遭遇的"堵点"，提高政策执行力。其次，建立健全国之大者相关政策执行的上下联系机制。对于国之大者所涉及的大事要事，要按照规定履行报告制度，防止出现自以为是、擅自决定的不当执行行为。上级也要加强对下级的联系和指导，为下级落实国之大者所涉及的大事要事提供权威信息和有效经验。1948年3月，毛泽东在看到山西崞县召开土地改革代表会议、对错划阶级成分行为进行改正的报告后，写下长篇按语：

"这种叙述典型经验的小册子,比我们领导机关发出的决议案和指示文件,要生动丰富得多,能够使缺乏经验的同志们得到下手的方法。"他强调:"领导者的责任,就是不但指出斗争的方向,规定斗争的任务,而且必须总结具体的经验,向群众迅速传播这些经验,使正确的获得推广,错误的不致重犯。"① 最后,探索建立专门化的政策执行微观协调机制。比如,在具体事务执行过程中,从多部门抽调执行人员,建立工作专班制,强化专项执行任务的攻坚。

建立健全国之大者相关的政策试点机制。巨型规模、超大规模是我国国家治理的重要特征,该特点决定了国之大者相关政策制定和执行无论在目标群体上,还是实施区域上,都具有超大规模、强差异性等显著特点。如果单纯采用决策——全面推行的执行模式,容易产生"一刀切",形成高的执行试错成本。长期的改革实践表明,"摸着石头过河"式的政策试点机制,是我国降低试错成本、获取改革成功经验的重要方式。国之大者是事关人民幸福安康、事关中华民族伟大复兴、事关党和国家前途命运的大事要事。对于这些关乎全局、关乎长远、关乎根本的事务,推进政策执行也应积极运用试点机制,在政策全面执行和实施前,进行局部性的政策试验。从局部性的探索和试验中,获取具有全局性的执行经验、执行做法,提高政策执行的科学性和有效性。针对国家治理的超大规模特征和差异性特征,试点机制建设应分别从东部、西部和中部等不同地区开展试点,最终比较出具有全国适用性的国之大者政策执行方案。

建立健全国之大者政策执行激励约束机制。强有力的政策执

---

① 《毛泽东文集》第 5 卷,人民出版社 1996 年版,第 80 页。

行系统建设需要构建有效的激励机制，调动政策执行人员的积极性和主动性。从现实角度看，当前不少地方和行业存在不作为、慢作为、假作为现象。针对这些现象，建立相应的激励约束机制势在必行。首先，应建立促进政策执行的正向激励机制。在干部晋升、薪酬待遇等方面，对积极推进政策执行并取得相当绩效的人员给予相应的奖励和激励。其次，建立执行不作为、乱作为的负向激励机制，即约束机制。对于涉及国之大者的政策执行不作为、乱作为行为，要严肃问责和监督。2018年7月，习近平同志对秦岭违建别墅作出第六次批示："首先从政治纪律查起，彻底查处整而未治、阳奉阴违、禁而不绝的问题。"当月下旬，中央专门派出中纪委领衔的专项整治工作组入驻陕西，展开针对秦岭违建别墅的整治行动。事后，相关违规违纪人员受到严肃问责与处理。最后，也要建立国之大者政策执行的容错机制，防止出现不敢为的现象。按照"三个区分开来"①的原则，建立相关的容错机制，鼓励干部在政策执行中敢于担当、勇于担当。

（三）强化执行资源保障

足够的执行资源是政策执行的必要条件。如果缺乏必要的执行资源，政策在执行中所产生的实际效果就难以达到预期的目标和要求。国之大者相关政策执行，也需要强化执行资源和保障。

加强国之大者相关政策执行的财政经费保障。建立健全国之大者相关事务的财政专项保障，首先要在中央财政转移支付制度

---

① 即把干部在推进改革中因缺乏经验、先行先试出现的失误和错误，同明知故犯的违纪违法行为区分开来；把上级尚无明确限制的探索性试验中的失误和错误，同上级明令禁止后依然我行我素的违纪违法行为区分开来；把为推动发展的无意过失，同为谋取私利的违纪违法行为区分开来。

中，强化国之大者相关事务的专项转移支付，发挥中央与地方推进国之大者实施的两个积极性。我国财税体制是实行中央与地方分税的财政体制，一级政府一级预算。从公共事务属性上看，国之大者所涉及的大事要事主要是中央事权。在财政制度安排和财政转移支付制度安排中，应适当加强中央层面国之大者所涉及的事权，建立相关事务的专项转移支付机制。其次，对于国之大者所涉及的中央和地方共同事权，应建立健全制度化的事权划分和支出责任机制，减少国之大者落地实施过程中可能产生的"中央出政策、地方出钱买单"的情形，即一些本应由中央直接负责的事务交给地方承担，一些宜由地方负责的事务中央承担过多，地方没有担负起相应的支出责任等。在推进中央与地方财政事权和支出责任划分改革中，应进一步强化心怀国之大者改革理念，逐步将涉及国之大者的事务划为中央的财政事权。最后，在涉及地方事权和支出责任上，地方政府执行国之大者所涉及的大事要事也应强化财政经费配套，确保政策执行具备足够的财力支撑。

加强国之大者相关政策执行的人力资源保障。现代社会，人力资源是第一资源。国之大者相关政策有效执行须依托高素质的人才队伍。首先，提高领导干部对国之大者的思想认识，让领导干部对国之大者做到心中有数，进而强化个体的行动自觉。习近平同志2021年1月28日在十九届中央政治局第二十七次集体学习时的讲话中指出，各级领导干部特别是高级干部要对国之大者了然于胸，把贯彻党中央精神体现到谋划重大战略、制定重大政策、部署重大任务、推进重大工作的实践中去，经常对表对标，及时校准偏差。其次，增强国之大者相关事务的执行能力和治理能力。党的十九届四中全会明确提出，把提高治理能力作为新时代干部队伍建设的重大任务。在推进国家治理现代化进程中，对于国之大者，领导干部应重点提高执行意识，提高执行能力和治理能力，推动把我国的制度优势转化为治理效能。执行力和治理能力在主动性上具有一定的区别，治理能力相对执行力更加强调主体的积极执行、积极行动，并非被动执行和应对。从国之大者执行力到治理能力，需要专业化的人力资源队伍和人力资源管理机制，激发队伍的活力。最后，强化国之大者相关政策执行的编制资源保障。编制是党治国理政的重要资源，也是强化国之大者相关政策执行所需的重要资源。在编制配置中，对与国之大者相关的事务，应优先配置编制资源（包括行政编和事业编），确保其政策执行具备充足的编制和岗位。

加强国之大者相关政策执行的制度保障建设。国之大者是国家发展和国家治理中的大事要事，也是我国推进国家治理体系和治理能力现代化亟须解决的主要问题。推进国之大者相关政策执行，把心怀国之大者的思想认识转化为实际行动，必然要在推进国家治理现代化的轨道上进行。我国推进国家治理现代化的本质是制度之治。在国家治理现代化轨道下，推进国之大者相关政策执行，须强化国之大者相关的制度建设，实现制度化、法治化。首先，在国之大者相关政策制定后，推进政策法律化、制度化进程，把推进国之大者相关政策执行的成熟经验上升为制度和法律法规。从一般公共事务和公共政策执行来看，我国的主要执行工具是政策；主要发达国家公共事务和公共政策的主要执行工具是法律。结合我国实际，国之大者是大事要事，不同于一般公共事务，应提高国之大者相应政策的制度化、法律化水平。在缺乏制度化经验的条件下，鼓励地方和行业探索和试点，通过地方和行业试点，把落实和执行国之大者取得的成功经验和做法及时提炼，形成长效执行的保障制度。其次，面向国之大者相关政策执行需要，推进相关制度和法律法规的立、改、废、释工作。国之大者是国家公共事务中的大事要事，根据其执行和实施的实际需要，应及时进行制度变革与创新，让制度建设与国之大者实施相互融合、相互促进。最后，当国之大者相关执行任务与制度和法律法规出现冲突，制度和法律法规的创立机构应建立授权机制或制度暂停机制，为相关执行任务提供通畅的制度保障。

三、加强国之大者相关政策评估

国之大者相关政策执行和实施后，并非意味着政策过程的完全终结，剩下的政策评估是政策过程必不可少的环节。党的十九届四中全会明确提出，加强重大决策的调查研究、科学论证、风险评估，强化决策执行、评估、监督。党的十九届五中全会进一步提出，健全重大政策事前评估和事后评价制度。按照管理学的PDCA循环理论，完整的管理过程包括计划（plan）、执行（do）、检查（check）和处理（act）四个环节。在执行之后，科学的管理与政策活动需要进行检查和处理，以此形成一个循环，不断提高管理和政策水平。国之大者相关政策在经历制定、执行之后，也需要进行评估，以此动态提升相关政策的实施水平。

（一）建立政策执行的评估标准

把握评价国之大者实施的总体标准。国之大者是国家发展中的大事要事，也是全面建设社会主义现代化国家进程中的大事要事。评价国之大者政策执行的总体标准，应立足建设社会主义现代化国家的标准进行设计和考虑。党的十九届五中全会指出：到

2035年基本实现社会主义现代化，到本世纪中叶把我国建成富强民主文明和谐美丽的社会主义现代化强国。富强民主文明和谐美丽是衡量社会主义现代化强国的基本标准，也应该是评价国之大者落实和实施效果的总体标准。富强民主文明和谐美丽是现代化强国建设的五个基本目标，在国之大者落实和实施中也一个不能少，都应该成为总体评估的标准。同时，国之大者包含国家发展各个领域中的大事要事。在评价国之大者实施效果时，也应把相应领域的强国目标、强国标准作为基本评价标准。比如，在生态文明建设领域，应把美丽标准作为国之大者政策执行的基本标准。

把握评价国之大者具体政策执行的有效性（effectiveness）标准。政策有效性，即政策执行后实现政策目标的程度。针对具体的国之大者相关具体政策执行的评估，首先的评价标准就是有效性标准。如果一项政策在经过执行后，没有产生或者很少产生实际的政策效果，那么这项政策就失去了有效性。如果政策效果与预期目标存在较大差异，那么政策有效性就存在不足。设计政策执行的有效性标准，应结合具体政策，制定科学合理的评价指标，科学评价政策执行所产生的效果和效能。在有效性标准评价上，还应立足中长期，分析和考虑政策执行所产生的中长期经济社会影响。有的政策执行可能在当期未能产生或很少产生政策效果，但从中长期看，却会产生较好的政策效果。

把握评价国之大者具体政策执行的效率（efficiency）标准。效率标准就是政策执行的产出和投入之间的比例关系。有效性标准主要考虑政策执行的产出，效率标准还需要进一步考察政策执行投入和成本因素。在公共政策执行过程或政策落实中，政策投入和政策成本问题也不容忽视。现实中，有的地方为取得相对显著的政策产出，不考虑投入和成本，建设政绩工程，便是对公共政策执行评价需要引入效率标准的重要启示。根据媒体报道,为体现"再穷不能穷教育"的正确理念,2020年刚刚脱贫的西部某县盲目举债,斥7.1亿元建豪华学校,而该县2019年财政收入仅1.78亿元。虽然让人民生活幸福是国之大者,但在相关政策执行过程中也要尽力而为、量力而行,不仅考虑政策执行的有效性,也要考虑政策执行的投入、效率,以最少的投入和成本、获得最大的政策产生和收益。

把握评价国之大者具体政策执行的公平（equity）标准。随着经济社会的发展,人民美好生活需要日益广泛,不仅对物质文化生活提出了更高要求,而且在公平、正义等方面的要求日益增长。国之大者具体政策执行本质上也是政策执行活动,也需要体现公平价值。公平成为评价具体政策执行的重要标准。党的十八大提出逐步建立以权利公平、机会公平、规则公平为主要内容的社会公平保障体系。在政策执行的公平标准中,首先,应做到政策执行的规则公平。对于任何地区、任何群体,政策执行规则都一视同仁,没有特殊待遇。其次,在政策执行中,保障机会公平。比如,在事关人民生活幸福的政策执行上,任何群体都有平等获取公共服务的机会,不存在歧视性的排他情况。最后,在政策执行中,保障权利公平。国之大者具体政策执行不能与法律冲突,保障法律确认的人的基本权利。

（二）建立政策执行的评估机制

强化政策执行的目标与结果对比评估机制。政策目标是政策执行评价的出发点,也是开展政策执行对比评估的基本方法。如果缺乏目标比对,就容易造成政策执行效果的误判,错误地看待政策执行。在第二次世界大战中,美国为盟军生产的军火都要运往欧洲。由于运输任务很重,政府动员了许多商船。开始时由于德国飞机攻击频繁,商船的损失极为惨重。美国海军部决定在商船上安装高射炮和高射机枪。但过了一段时间后发现,这些高射武器的战绩实在糟糕,几乎没有击落或击伤一架敌人的飞机。所以许多人都对此提出疑问:有没有必有继续在其他商船上安装高射武器?这样做是不是多此一举?盟军海军的运筹小组经讨论研究后认为,把在商船上安装高射武器的策略目标定为歼击敌机是有欠妥当的,真正的目标实际上应该是减少被击沉击伤的运输商船数。虽然高射炮没有击毁一架敌机,但它在保护商船、防止敌机轰炸方面起到了很显著的作用。该案例表明,在政策执行评估上,要对照政策制定的目标来判定政策效果,不能随意用其他的政策目标进行比较分析(比如,案例中用击落敌机数量来评价商船装高射炮的作用)。

积极推进政策执行的第三方评估机制。2015年,中共中央办公厅、国务院办公厅印发的《关于加强中国特色新型智库建设的意见》指出:"加强对政策执行情况、实施效果和社会影响的评估,建立有关部门对智库评估意见的反馈、公开、运用等制度,健全决策纠错改正机制。探索政府内部评估与智库第三方评估相结合的政策评估模式,增强评估结果的客观性和科学性。"在政策执行过程中,智库开展第三方评估面临不少困难(比如,对政策执行信息掌握不充分、政策执行对象配合存在困难等),但也具有不少的优势。这些优势有:第一,超脱性的优势。在具体的政策执行评估中,智库第三方机构往往不是利益相关方,提出的意见和建议相对客观中立;第二,智库第三方机构具有专业化的评估队伍,在政策执行评估中具有知识优势和时间优势;第三,智库第三方机构比较容易获得社会多方面的诉求和意见,形成较为综合的意见和建议；第四，以国家高端智库为代表的第三方机构站位高，从国家发展的高度评价政策执行，有利于增强具体政策评估及建议的宏观视野。对于国之大者相关政策执行评估，应继续发挥第三方评估的优势，建立政府内部评估与智库第三方评估相结合的政策评估模式。

（三）强化政策执行评估结果的应用

政策执行评估的实际意义在于应用。2019年7月，习近平同志在十九届中共中央政治局第十六次集体学习时讲话指出："要做好改革评估工作，加强改革举措评估、改革风险评估、改革成效评估，确保各项政策制度切合实际、行之久远。"改革评估的结果运用对于各项政策制度的有效性发挥具有重要的作用。开展政策执行评估，也需要强化结果的应用，确保国之大者具体政策执行切合实际、行之久远。

加强国之大者执行失效的监督问责。通过政策执行评估，针对发现的国之大者执行失效问题进行分析，找出其中存在的执行机构或执行主体存在的失职、失责问题，进行有针对性的监督和问责，有利于发挥监督问责推进政策执行的警示和倒逼作用。2018年，中央办公厅印发《关于陕西省委、西安市委在秦岭北麓西安境内违建别墅问题上严重违反政治纪律以及开展违建别墅专项整治情况的通报》，将秦岭北麓西安境内违建别墅问题作为严重违反政治纪律的典型案例。针对该案例，中央电视台《一抓到底正风纪——秦岭违建整治始末》新闻专题片披露："对中央的工作部署、对总书记的重要批示，陕西省和西安市搞上有政策下有对策，层层空转。这为后来秦岭违建别墅整而未治、禁而不绝埋下了隐患。"对于类似国之大者执行失效问题和人员，必须严肃追究存在的执行不坚决、打折扣、搞变通行为，强化监督问责的震慑效果。2019年9月，中共中央印发修订后的《中国共产党问责条例》，对问责制度进行了进一步优化。在党内问责制度总体框架下，应强化"国之大者"执行失效的监督问责机制建设，保证党的路线方针政策和党中央国之大者重大决策部署贯彻落实。首先，明确国之大者执行失效的问责情形。《中国共产党问责条例》列出了党组织、党的领导干部违反党章和其他党内法规不履行或者不正确履行职责的11种情形。在具体实施中，应把相关问责情形与国之大者执行失效相衔接、相融合，防止国之大者执行失效问责出现"空挡"。其次，明确问责主体。《中国共产党问责条例》规定：党委（党组）应当履行全面从严治党主体责任，加强对本地区本部门本单位问责工作的领导。纪委应当履行监督专责，协助同级党委开展问责工作。国之大者执行失效问责机制构建过程中，党委（党组）应负主体责任，纪委履行监督专责，协助同级党委开展问责工作。最后，针对国之大者执行严重失效的情形，建立终身问责机制。《中国共产党问责条例》规定：实行终身问责，对失职失责性质恶劣、后果严重的，不论其责任人是否调离转岗、提拔或者退休等，都应当严肃问责。党的十八届四中全会也提出建立重大决策终身责任追究制度及责任倒查机制。国之大者执行严重失效必然属于重大决策失误，应建立相应的终身责任追究机制。

强化执行反馈，推进政策的迭代升级。政策评估结果的应用不仅可以通过监督问责作用于强化政策执行，也能够通过执行信息反馈体现为进一步完善、修改和优化政策。从公共政策过程角度看，进一步推动政策的完善和优化是政策评估应用的最重要功能。对于具体的国之大者政策执行活动，政策评估可能发现执行

机构和执行人员存在问题,也可能发现政策执行方案存在问题。监督问责解决了执行机构和执行人员层面的问题,而政策执行方案问题须依赖于政策执行信息的有效反馈。2015年3月,习近平同志在主持十八届中共中央政治局第二十一次集体学习时讲话指出:"对已经出台的改革举措,要加强改革效果评估,及时总结经验,注意发现和解决苗头性、倾向性、潜在性问题。"发现和解决苗头性、倾向性、潜在性问题,是改革效果评估的一个重要任务。发现和解决问题,也是国之大者政策执行评估的一个重要任务。首先,依据政策执行评估结果和反馈,优化具体执行方案。任何政策过程都是一个动态的调整过程,并非一蹴而就的。在政策执行评估之后,根据执行信息反馈,必须对政策方案进行修正或补充。其次,依据政策执行评估结果和反馈,迭代升级执行方案,获取更有效的迭代效果。迭代是数学、计算科学的一个概念,含义是让对一组指令(或一定步骤)进行重复执行,在每次执行这组指令(或这些步骤)时,都从变量的原值推出它的一个新值。每次对执行过程的重复称为一次迭代,而每次迭代得到的结果会作为下一次迭代的初始值。依据迭代原理,政策执行根据评估结果和反馈也能够形成迭代升级机制,基于执行信息反馈,促进政策执行再决策,不断提高政策执行的效果。再次,依据政策执行评估结果和反馈,优化具体政策执行工具和执行方式。政策执行评估也可能发现特定政策执行工具和方式存在缺陷和不足,应选择最优的政策执行工具和执行方式。在特定的执行工具和方式下,无论怎样进行改进和提高,在政策执行始终难以取得理想政策效果的条件下,应转换思维、调整思路,导入新的政策执行工具和方式。比如,在满足人民生活幸福相关政策执行上,单一的行政性、指令性执行工具往往难以取得预期效果,应导入社会参与、法治化、经济管理等政策工具，创新执行工具和方式，形成协同共治的政策执行格局。最后，依据政策执行评估结果和反馈，终结具体执行方案。对于特定的国之大者政策执行任务，当政策执行活动已达到政策目标或政策执行活动存在严重问题时，应终结政策执行活动。